GASSEBNER

EDELBIKES PERFEKT GEBAUT

JÜRGEN GASSEBNER

EDELBIKES

PERFEKT GEBAUT

Motor
buch
Verlag

Einbandgestaltung: Nicole Lechner

Titelfotos: Gassebner (3), Herzog (1)

Fotos: Big Bike (16), Eckert (7), Essig (20), Gassebner (114), Herzog (45), Roth (17), Stemmler (1), Vix (3), Ziegler (9)

Die Ratschläge in diesem Buch sind von Autoren und Verlag sorgfältig erwogen und geprüft, dennoch kann eine Garantie nicht übernommen werden. Eine Haftung des Autors bzw. des Verlags und seiner Beauftragten für Personen-, Sach- und Vermögensschäden ist ausgeschlossen.

ISBN 3-613-01884-5

1. Auflage 1998

Innengestaltung: Klaus Necker
Reproduktion: LONGO GROUP, I-39010 Frangart
Druck: Röhm GmbH, 71060 Sindelfingen
Bindung: Josef Spinner, 77833 Ottersweier
Printed in Germany

Inhalt

Ein Vorwort

Die Mischung muß stimmen

Ein Buch zu schreiben, ist die eine, den Geschmack der Leserschaft zu treffen, die andere Seite. Nach meinem ersten Band »EDEL-BIKES selbstgebaut« habe ich die Entwicklung in der Szene beobachtet und dabei festgestellt, daß sich ganz neue Stilrichtungen entwickelt haben. In der Harley-Szene etwa kamen vor allem tiefergelegte und extrem breit bereifte V-Twins mit superbreitem, flachem Lenker in Mode. Sicherlich wäre auch ein solches Motorrad als Edelbike interessant. Getreu meiner eigenen und auch der Philosophie von 'PS Das Sport-Motorrad Magazin' will ich mich im vorliegenden Folgeband aber vorwiegend um Sportmotorräder und deren technischen Aufbau kümmern.

Deshalb war es auch allererste Pflicht, vor allem der mittlerweile sehr populären Streetfighter-Szene große Beachtung zu schenken. Diese Stilrichtung, die ihren Ursprung – wie so vieles in der Motorrad-Geschichte – in England hat, erlebte in den vergangenen Jahren hierzulande einen regelrechten Boom. Mit Streetfightern meint der Kenner vor allem japanische Vierzylinder in Serien- oder Spezialfahrwerken, die lediglich über eine kleine Lenkerverkleidung, ein kurzes Stummelheck sowie extrem breite Reifen verfügen. Soweit der Versuch einer sachlichen Beschreibung. Außerdem besitzt ein vorbildlicher Streetfighter in erster Linie Showtalente. Der breite Hinterradreifen soll heftiges Beschleunigen unterstützen, das Hinterradfahren – sogenannte Wheelies – erleichtern und obendrein mit extrem aufwendiger Lackierung die Blicke auf sich ziehen. Keine Frage: Streetfighter-Fahren ist Exhibitionismus auf zwei Rädern.

Der Autor: Jürgen Gassebner, Jahrgang 1962, betätigte sich während seines Physik- und BWL-Studiums als Motorrad-Veredler, bevor er als Motorrad-Journalist zu 'PS · Das Sport-Motorrad Magazin' wechselte. Dort leitet er heute das Ressort 'Sport & Edelbike' und schrieb zu diesen Themenbereichen Bücher wie 'Superbike-WM', 'EDEL-BIKES', 'Honda V4' oder 'Triumph'. Als passionierter Flieger und Luftbildfotograf durften auch 'Die schönsten Ultraleicht-Flugzeuge' und 'Die schönsten Oldtimer' nicht fehlen. 'EDEL-BIKES selbstgebaut' war sein erster Titel, in dem er Schritt für Schritt den Aufbau einer Triumph lightweight 900, einer Martin-Honda VF 1000 F2 sowie einer Honda RS 750 Endurance Replica beschreibt.

Unbedingtes Muß für Hobby-Schrauber: 'EDEL-BIKES selbstgebaut' beschreibt den Aufbau dreier EDEL-BIKES von der ersten Schraube bis zum fertigen Motorrad, gibt wertvolle Tips und zahlreiche Umbau-Beispiele.

Dem entgegen steht freilich nach wie vor das klassische Motorrad-Tuning, bei dem es darum geht, bestimmte Qualitäten einer Maschine nachhaltig zu verbessern. Heutige Serienmaschinen sind zwar nahezu perfekt auf alle Belange, wie sie uns auf öffentlichen Straßen begegnen, abgestimmt, doch können sie angesichts der preislichen Kalkulation der Hersteller und auch angesichts geltender Zulassungsvorschriften meist nur ein Kompromiß – wenngleich auf höchstem Niveau – sein. Hochwertige Verbesserungen im Bereich der Federelemente, leichtere Materialien beispielsweise beim Verkleidungsbau sowie aufwendige Technik zur Leistungssteigerung sind aber nach wie vor geeignet, aus einem sehr guten Sportmotorrad – für bestimmte Einsatzzwecke – ein noch besseres zu machen. Für all jene, die sich für die klassische Tuning-Philosophie, die die Funktionalität im Visier hat, begeistern, ist ein wesentlicher Teil dieses Buches gewidmet.

Der vorliegende Band soll aber nicht als schlichtes Zweitwerk von 'EDEL-BIKES selbstgebaut' gelten, sondern in erster Linie darauf aufbauen. In 'EDEL-BIKES selbstgebaut' werden dem interessierten Tüftler und Schrauber die Grundlagen in Theorie und Praxis vermittelt, 'EDEL-BIKES perfekt gebaut' soll hingegen die Entwicklung und Herstellung absoluter Technik-Highlights dokumentieren. 'EDEL-BIKES perfekt gebaut' wendet sich daher an den technisch begeisterten Motorrad-Bastler, der bereits über Erfahrung im Aufbau von Motorrädern verfügt, dem aber hin- und wieder vielleicht der kleine Anstoß fehlt, um die qualitativ optimale Lösung für ein technisches Problem oder eine Idee zu finden.

Sowohl für den Bereich der Streetfighter als auch für's klassische Tuning habe ich wie schon bei 'EDEL-BIKES selbstgebaut' wieder mit namhaften Größen aus der Motorrad-Szene zusammengearbeitet.

Holger Schnell und sein Big Bike-Team können ohne Übertreibung als die Perfektionisten im Streetfighter-Bau gelten, weshalb eine ausführliche Dokumentation des Aufbaus zweier Big Bike-Maschinen auch mehr als nur Pflicht war. Der hohe Standard, den die kleine, junge Truppe aus Hüffenhardt gerade im Bereich der Lackierungen setzt, sucht selbst in der internationalen Szene seinesgleichen.

Seit mehr als 25 Jahren etabliert und über jegliche Kritik in Sachen Motorradbau erhaben ist Technik-Spezialist Roland Eckert, der bereits an 'EDEL-BIKES selbstgebaut' tatkräftig mitgewirkt hat. Ohne seine immense Erfahrung und sein zielsicheres Gespür für 'Richtig' oder 'Falsch' beim Motorrad-Tuning wäre auch die Erstellung dieses Folgebandes nicht denkbar gewesen. Ohne Zweifel bildet das Kapitel, das sich mit der Entwicklung und dem Aufbau einer extremen Honda RC 30 als reinrassige Fahrmaschine befaßt, das absolute Schmankerl für den Technik-Gourmet in diesem Buch.

Darüberhinaus habe ich zwei Privatiers Gelegenheit gegeben, ihre Motorräder und deren Aufbau in diesem Band vorzustellen. Jochen Roth glänzte dabei ebenfalls mit einem Streetfighter-Aufbau, wohingegen Joachim Essig aus einem eher ungeeigneten Basis-Motorrad ein wirkliches Schmuckstück schuf. Sein vielschichtiges Talent unterstrich Essig zudem als Schreiber. Die in diesem Buch enthaltene Geschichte seines Motorrades schrieb er nämlich selbst.

Last but not least schauen wir Modellbauer Jochen Ziegler bei Entwurf und Herstellung von EDEL-BIKES über die Schulter. Tagsüber bei Daimler Benz für die Herstellung von Prototypen-Modellen zuständig, nimmt sich der Privatmann Ziegler abends und am Wochenende vor allem den Zweirädern an. Er zeigt, wie man professionell Sitzbank und Verkelidungsmodelle baut – all dies obendrein unter finanziellen wie räumlichen Rahmenbedingungen, wie sie die meisten Hobby-Schrauber vorfinden. Daß sich seine Ergebnisse dennoch vor denen der Profis nicht zu verstecken brauchen, macht ihn für dieses Buch unverzichtbar. Die von ihm aufgebaute Yamaha FZR 1000 sowie eine zum Streetfighter mutierte Suzuki GSX 1100 sind sehenswert.

Allen Beteiligten, darunter auch meine beiden Redaktionskollegen Robert Kauder und Sascha Zdrahal, gilt mein Dank für die Zeit und die Mühe, die sie in dieses Buchprojekt investiert haben. Für Sie, lieber Leser, hat sich dies sicherlich gelohnt, denn der damit zusammengetragene Erfahrungsschatz ist beim Aufbau Ihres ganz persönlichen EDEL-BIKES hoffentlich von Wert.

Viel Vergnügen beim Lesen wünscht Ihnen

Ihr

Jürgen Gaßebner

Vom Moped-Tuner zum Edelbiker: Jürgen Gaßebner

Motorräder zu verändern gehörte schon immer zu meinen Lieblingsbeschäftigungen, und letztlich verdanke ich dieser Leidenschaft auch meinen Beruf als Motorrad-Journalist.

Wir alle haben klein angefangen

Am Anfang der meisten Edelbiker-Karrieren stand ein Mofa, das bis zum mechanischen Exitus frisiert wurde. Wer sich davon nicht abschrecken ließ, arbeitete sich dann durch verschiedene Mopeds, Mokicks oder Kleinkrafträder, um dann irgendwann bei richtigen Motorrädern zu landen. Zumindest bei mir war das der Fall, und ich denke gerne an meine alte DKW zurück. Eventuell würde ich sie sogar im Originalzustand belassen ...

Den Grundstein für meine Karriere als Edelbiker legten meine Eltern 1969. Damals war ich sieben Jahre alt und zog mit meinen Eltern von Stuttgart in eine einige Kilometer entfernte schwäbische Kleinstadt. Dort kaum seßhaft geworden, entwickelte ich rasch heftiges Interesse für die Aktivitäten meines Nachbarn, eines Fahrlehrers. Zum einen frönte dieser wie mein Vater und ich der Modellfliegerei, und man verbrachte gemeinsame Wochenenden auf dem Modellflugplatz. Andererseits kümmerte dieser sich aber nebenberuflich um die 50 cm³-Grand Prix-Kreidler des damaligen Grand Prix-Top-Piloten Herbert Rittberger. Da insbesondere Verkleidungen selbst hergestellt wurden, schloß ich recht schnell Freundschaft mit dem penetrant riechenden Polyesterharz, und auch die Technik des GP-Renners fand meine uneingeschränkte Begeisterung.

Im Laufe der folgenden Jahre perfektionierte ich vordringlich die Modellfliegerei, schielte aber mit einem Auge stets aufmerksam nach allem, was zwei Räder und einen Motor besaß. Als ich zwölf war, hatte Nachbar Fahrlehrer schließlich ein Einsehen und gab mir einige Gratis-Fahrstunden auf einer seiner beiden Honda-Enduros SL 125 und XL 250 Motorsport. Spätestens zu diesem Zeitpunkt wollte ich nichts anderes mehr als Motorradrennfahrer werden. Konsequenterweise folgte denn auch mit 14 das erste Mofa. Es war eine alte DKW, Jahrgang 1967. Freilich hatte ich vom ersten Moment an nichts anderes mit dem guten alten Teil im Sinn, als seinem Motor all mein in den vergangenen Jahren erworbenes Wissen um Zweitakt-Schnapsglasmotoren in Form geeigneter Tuning-Maßnahmen angedeihen zu lassen. Bei einer groben Durchsicht des Zylinders befand ich all die vielen

Das erste »richtige« Motorrad: Autors Honda CB 750 F2 blieb nicht lange serienmäßig. Stummellenker, selbstgefertigter Heckbürzel, verrippte Motordeckel und eine Scheibel-Nockenwelle mußten einfach sein.

Honda CB 750, die Zweite: Eine K2 von 1973 verwandelte sich mittels Sportkotflügel, ES-Verkleidung und -Sitzbank, Raask-Fußrasten, 24 Liter-Tank und viel, viel Arbeit in eine Art Sportler. Wie gesagt: in eine Art!

Kanäle freilich als viel zu klein und setzte beherzt den Fräser an. Auf das Ergebnis möchte ich nicht detailliert eingehen. Ein neuer Zylinder war fällig. Eine kurze Rücksprache mit dem Nachbarn brachte dann aber beim Neuteil doch noch den gewünschten Erfolg. Er verriet mir, in welche Richtungen ich die Kanäle erweitern

Gehörte dazu: durchgeschmolzene Kolben lieferten wertvolle Erkenntnisse über zu kühne Werte und Einstelldaten hinsichtlich Verdichtung, Zündzeitpunkt und Vergaserbedüsung.

mußte, um Drehzahl und Leistung zu gewinnen. In der Tat brachte ich die alte DKW damals dann tatsächlich auf 65 km/h Höchstgeschwindigkeit, und, euphorisch wie ich war, spendierte ich ihr zum Dank für die guten Fahrleistungen auch gleich eine zweifarbige Metallic-Lackierung. So um die zwanzig Sprühdosen Autolack hüllten den Oldie dann in ein neues Kleid, allerdings fand ich dabei heraus, daß die Farbschicht aus der Sprühdose sehr dünn, weich und damit wenig widerstandsfähig war. Sicherlich hätte ein hochwertiger Zweikomponentenlack, wie er von Profis zum Autolackieren verwendet wird, mit der Spritzpistole aufgetragen, ein besseres Ergebnis erzielt. Schlußendlich war dann die Lackqualität aber doch egal, denn bei einer meiner ersten Ausfahrten ging das getunte DKW-Einzylinderlein auf einer langen Vollgasgeraden fest und verglühte einfach.

Nun nahm ich übergangsweise auf einem Zündapp ZD 20-Mofa Platz, das als eines der wenigen Mofas der damaligen Zeit eine Sitzbank besaß und damit meiner Vorstellung von einem motorisierten Zweirad ohnehin sehr viel näher kam. Wie die Geschichte mit dem Zündapp-Mofa weiterging, können Sie sich denken. Richtig, auch dessen Zylinder wurde bearbeitet, und angesichts der stabiler ausgelegten Motor-Innereien gönnte mir das ZD 20 die Höchstgeschwindigkeit von knapp 60 km/h denn auch gut ein Jahr lang, bevor ich dann auf´s Kleinkraftrad wechselte.

Eine Zündapp sollte es schon wieder sein, und deshalb entschied ich mich für die KS 50 watercooled TT. Natürlich war mir klar, daß ein wassergekühlter Motor standfester und damit besser auf Leistung zu bringen sein mußte, als ein luftgekühlter. Entsprechend schöpfte ich hier die Vorzüge aus, und so hielt die Zündapp in den nächsten beiden Jahren immerhin 38 000 Kilometer – und das bei gut 115 km/h Topspeed, bei Montage einer Kreidler-Rennbirne sogar über 120 km/h. Das war allemal ein Wort in der damaligen Szene. An der Zündapp setzte ich übrigens lackiertechnisch bereits das um, was ich beim DKW-Mofa gelernt hatte. Ich erwarb eine elektrische Spritzpistole und einen Liter roten Autolack. Ich erinnere mich

Beginn einer langen Geschichte: Mit der Honda VF 750 F begann für den Autor 1985 eine »never ending story«. Kaum ein Vierteljahr ging vorbei, als sie sich bereits das erste Mal einer Umbau-Operation unterziehen lassen mußte.

VF 750 F, die Erste: Haungs-Verkleidung, Höly-Höckersitzbank und KVT-Fußrasten verwandelten die ehedem eher pseudosportliche Honda zumindest optisch in ein Supersport-Gerät.

Wie das Werk: Die Rothmans-Lackierung war den damaligen RVF-Langstrecken-Rennmaschinen nachempfunden. Sämtliche Schriftzüge wurden von Hand ausgeschnitten, die Streifen in Rot und Gold minutiös lackiert. Eine Heidenarbeit.

In die Vollen: 1987 folgte die Komplett-Revision der VF 750 F. der Rahmen wurde hochglanzvernickelt, PVM-Räder montiert, und eine Yoshimura-Auspuffanlage ersetzte die Serien-Rohre.

Das gefiel gut: aerodynamisch ausgefeilte Form und schmale Silhouette sorgten für geringeren Luftwiderstand. Man konnte am Motorritzel schlapp einen Zahn länger übersetzen. Vmax jetzt 237 km/h.

noch gut daran, wie ich nach erfolgtem Lackiergang mit vor Stolz geschwellter Brust aus meiner Garage herausstolzierte und jedem berichtete, daß sich keine, aber auch gar keine »Rotznase« an den von mir lackierten Motorradteilen befänden. Kurzum: Das erste Lackierwerk war gelungen, wenngleich ich auch die Erkenntnis gewann, daß die elektrische Spritzpistole den Lack doch sehr grob zerstäubt und die Lackoberfläche dadurch leicht narbig wird. Beim nächsten Male würde ich es sicher besser mit einer Druckluftpistole probieren. Vielleicht würde mir ein Lackierbetrieb ja seine Halle für zwei Stunden zur Verfügung stellen?

Genau dies erledigte ich schließlich bei meinem ersten Motorrad. Von meinem Cousin erwarb ich als 18jähriger eine Honda CB 750 F2 mit 73 PS. Meine Mitschüler prophezeiten mir damals einen raschen und schmerzlosen Tod. »Du wirst dir die Birne damit einrennen. Die läuft ja 200«, sagten nicht wenige. Mit Aussage zwei sollten sie recht behalten, denn tatsächlich lief die Honda wie der Teufel. Exakte 197 km/h ermittelte MOTORRAD im damaligen Test mittels Lichtschranke. Doch was die vorhergesagten Stürze anging, so so sollte es immerhin noch zwölf Jahre dauern und einer Rennstrecke bedürfen, um mich zu Boden zu zwingen. Auf der Straße behielt ich mir glücklicherweise stets jene zehn Prozent meines vorhandenen Fahrkönnens als Reserve und damit als Lebensversicherung in der Hinterhand. Nicht nur Einsteigern sei dies wärmstens empfohlen.

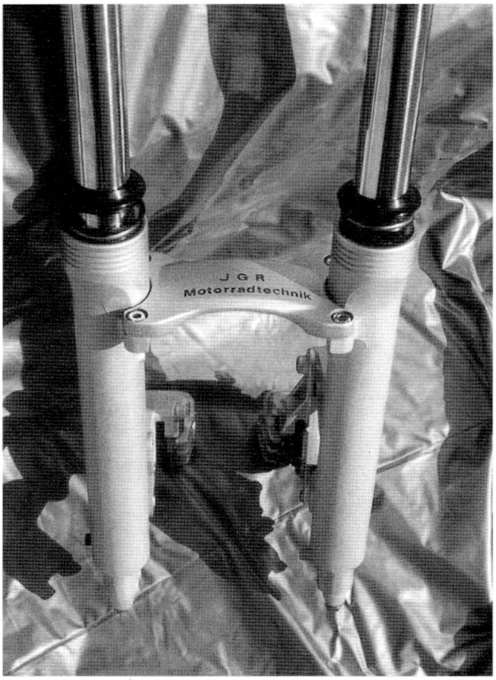

Stempel aufgedrückt: Viele Bauteile »veredelte« man damals mit einem eigenen Schriftzug, aus dem rasch Programm wurde. Der Honda VF 750 F folgten wenig später etliche Umbauten im Freundeskreis.

Doch zurück zum Edelbiken. Die nächsten Sporen als angehender Lackierer verdiente ich mir mit zwei altersschwachen VW Käfern. Mit der Flex, dem Winkelschleifer, entfernte ich mühselig den Rost. Dann wurde grundiert, gespachtelt und geschliffen, und schließlich erfolgte bei Käfer Nummer Eins ein Farbauftrag in Feuerrot. Das Ergebnis konnte sich allemal sehen lassen, doch abermals war mir die grobe Farbverteilung meiner elektrischen Spritzpistole ein Dorn im Auge. Bei Käfer Nummer Zwei wurde der Zweischicht-Metallic-Lack deshalb mit einer Druckluftpistole aufgetragen. Im Baumarkt erwarb ich für knappe 800 Mark einen Einzylinderkompressor samt Spritzpistole. Heute, rund 15 Jahre danach, tut er in meiner Werkstatt übrigens immer noch gute Dienste.

Apropos Werkstatt. Für Otto Normalbiker ist sie in der Regel das leidige Thema schlechthin. In mehrjähriger Argumentationsarbeit gelang es mir schließlich, meinen Vater davon zu überzeugen, daß ein Auto keine Garage benötigt und im Freien doch sehr viel besser aufgehoben ist. Eine großzügige Werkbank, übrigens in Eigenregie aus Holz gefertigt, tut seit Anfang der 80er Jahre gute Dienste, allein der Raum für meine drei Motorräder, eine Martin-Honda VF 1000 F2, eine Honda RS 750 R-Endurance Replica und eine Geländesport-Honda XR 600 R, ist mittlerweile etwas knapp geworden. Dennoch: Die Werkstatt hat zwei Stromanschlüsse, 220 und 380 Volt, gute Neon-Beleuchtung sowie diverse Schränke, Schubladen und Kleinteile-Regale. Mehr braucht's für den Bau eines EDEL-BIKES eigentlich zunächst nicht, wenn man sich dafür entscheidet, spezielle, Dreh- und Frästeile in Spezialbetrieben fertigen zu lassen.

Zwar mag es reizvoll erscheinen, jedes, aber auch jedes Teil an seinem Edelbike selbst herzustellen, doch nicht jeder verfügt über eine Drehbank oder eine Fräsmaschine, oder er weiß nicht richtig damit umzugehen. Deshalb empfehle ich den Gang zum Spezialisten. Letztlich erspart es Zeit, Mühe und auch Kosten. Von der Schonung der Nerven einmal ganz abgesehen. Obendrein schadet eine werkstofftechnische Beratung und eine Überprüfung von Dimensionierung und Gestaltung sicherheitsrelevanter Bauteile wie Achsen oder Bremsanker durch einen Fachmann überhaupt nicht.

Doch zurück in meine Garage: Als Physik- und BWL-Student war ich natürlich gezwungen, in den Semesterferien ständig zu arbeiten. Da ich damals über ein Auto verfügte, einen 3er-BMW, blieb für's Motorrad-Hobby entsprechend wenig Geld übrig.

Wie bei der TZ: Die Höckersitzbank wurde völlig in Eigenregie entwickelt und nach Modell- und Formenbau aus Polyesterharz laminiert. Als Vorbild diente der Höcker von der Yamaha-Rennmaschine TZ 350.

Besser ist das: mit der Yamaha-TZ-Replica, die mittlerweile Gelb-Weiß lackiert war und über eine leistungsfreudigere Auspuffanlage sowie eine vernickelte Schwinge verfügte, startete man zusammen mit Bernd Schuler und der VF 750 F (auch schon Gelb-Weiß) zu »Testfahrten« in die Alpen.

Filmreif: Mit der Video-Kamera auf einem selbstgefertigten Tank-Stativ entstand ein zweistündiger Amateur-Film über sportliches Motorradfahren über Alpenpässe. Die ehemalige VF 750 F mußte wirklich alles mitmachen.

Einige Jahre schlug ich mich deshalb mit äußerst preiswert erstandenen Gebrauchtmotorrädern herum, die aber samt und sonders eine Überarbeitung über sich ergehen lassen mußten.

Da war zum Beispiel eine Honda XL 125. Größtes Plus der kleinen Enduro war ihre unglaubliche Handlichkeit wegen des geringen Gewichtes. Leider hatte sie mit 13 PS nur sehr wenig Leistung, und so sah ich mich bei so mancher Ausfahrt in erbitterte Zweikämpfe mit engagierten 50er-Fahrern verwickelt. Ob dieser Umstände beschloß ich zwar sofort, dem Motor

Scharfe Modifikationen: Neben einer neuen Lackierung hatte die VF 750 F mittlerweile größere Kühler, eine dafür angepaßte Verkleidung, Forcella-Gabel und Brembo-Bremsen bekommen. Der selbstgefertigte Auspuff mit Laser-Endschalldämpfer verhalf zu viel Erfahrung im Abstimmen.

etwas mehr Leben einzuhauchen, schließlich ließ ich aber doch die Finger davon, verkaufte die kleine Honda vier Wochen später wieder und ergatterte dafür eine Suzuki T 20. Die leichte 250er mit ihrem luftgekühlten Zweitakt-Zweizylinder leistete laut KFZ-Schein 30 PS und lief zumindest laut Tacho knapp über 160. Da das Motorrad bis auf die Lackierung in sehr gutem Zustand war, spendierte ich ihr ein neues Lackkleid. Der Tank und die beiden Seitendeckel waren innerhalb eines Tages schwarz lackiert, was mit den Chromspeichenrädern, den verchromten Auspuffen und Schutzblechen perfekt harmonierte. Über den Sommer bewegte ich die T 20, die mit ihrer spritzigen Motorcharakteristik und dem geringen Gewicht vor allem im Kurvengewürm der Schwäbischen Alb viel Spaß bereitete. Dann wurde auch sie wieder verkauft.

Parallel zu diesen sehr eingeschränkten Motorrad-Aktivitäten betrieb ich von 1983 bis 1985 Automobilrennsport mit dem bereits erwähnten 3er-BMW. Ich startete bei zahlreichen Rennen zum Württembergischen Slalom-Pokal. Zu mehr reichte es aus finanziellen Gründen leider nicht, denn etwas mehr als das Nenngeld und einige Liter Benzin waren zur Studentenzeit einfach nicht drin. Dennoch brachten die drei Jahre in der Slalomszene jede Menge Spaß, viele nette Kontakte und sogar ein wenig Erfolg. 1985 war mein Bestreben, diesen Pokal unbedingt zu gewinnen, und nach acht von 16 Läufen sah mich das Klassement sogar in Führung. Unseligerweise verabschiedete sich der 3er-BMW aber eines Abends auf der Heimfahrt von Stuttgart mit einem Pleuellagerschaden. Damit war die Saison mangels Liquidität gelaufen.

Meinem bescheidenen Geldbeutel entsprechend, besann ich mich auf das, was mich seit Mitte der 70er-Jahre in meiner Freizeit mit am meisten faszinierte: Motorradrennen. Allerdings fuhr ich nicht selbst, sondern besuchte so um die zwei, drei Grand Prix pro Jahr, nebst etlichen Bergrennen und diversen Veranstaltungen in Hockenheim und auf dem Nürburgring. Außerdem waren besonders die Moto

Das zweite Duett: Neben der Yamaha-TZ-Replica widmete man sich auch einer Suzuki RG 500, die mittels Honda RS 500-Verkleidung sowie umgestaltetem RGB-Höcker zumindest optisch Grand Prix-Format bekam.

Innere Werte: Zwar wurde beim 1000er Motor für die VF auf ansprechende Optik Wert gelegt, doch vielmehr unterzog man die Innereien einer Kur. Bearbeitete Kanäle, polierte Ventile, Brennräume und Kolbenböden sowie Pleuel mußten sein.

Cross-Veranstaltungen auf der Schwäbischen Alb in Gaildorf oder Westerheim stets ein Anziehungspunkt.

Was all dies mit EDEL-BIKES zu tun hat, fragen Sie? Nun, ich konnte mir auf den diversen Rennveranstaltungen vor allem technische Anregungen holen. Als Rennfreak begeisterten mich von Kindesbeinen an vor allem Straßenrennmaschinen, und so waren die regelmäßigen Besuche im Fahrerlager praktisch Pflicht. Meine Ansicht war immer, daß alles, was ein Motorrad auf der Rennstrecke schnell macht, prinzipiell auch sehr gut für ein Straßenmotorrad taugen müßte. Damit meine ich aber nicht etwa laute Auspuffanlagen oder profillose Reifen, sondern vielmehr Bauart des Rahmens, Qualität der Federelemente und Felgen sowie die Leistungsfähigkeit der Bremsanlagen.

Betrachtet man die Entwicklung im Serienmaschinenbau, so nahm diese eigentlich erst in der zweiten Hälfte der achtziger Jahre eine entscheidende Wendung. Hier sei vor allem Suzuki mit der GSX-R 750 erwähnt, die erstmals eine quasi für den Straßenbetrieb zurechtgemachte Rennmaschine in Großserie präsentierten, die auch erschwinglich war. Ganz klar bekam auch ich noch in den siebziger Jahren (und noch heute!!) glänzende Augen, wenn ich eine Vierzylinder-MV Agusta sah. Doch an die Anschaffung eines solchen Motorrades war nicht zu denken. Dennoch: Während die japanischen Großserienhersteller bis Mitte der achtziger Jahre noch Motorräder mit deutlich zuviel Gewicht und mäßigen Fahrwerken bauten, verstanden es kleine Hersteller wie etwa MV Agusta, Ducati oder auch Laverda extrem sportliche und von Rennmaschinen abgeleitet Maschinen in Serie zu bauen. Leider zu sehr hohen Preisen, was eine Marktdurchdringung erfolgreich verhinderte.

Aus diesem Grunde boomte bis Mitte der achtziger Jahre denn auch der Markt für Umbauteile für japanische Motorräder. Von der Verkleidung über Sitzbänke bis hin zu Felgen, Bremsen oder gar kompletten Fahrwerken war alles von vielen verschiedenen Firmen in den unterschiedlichsten Varianten erhältlich. Und wer wollte, konnte sich auch den Motor auf reichlich Leistung bringen lassen. Trotz dieser üppigen Zubehörpalette gab es aber immer einige wenige Motorradfahrer, die etwa die Verkleidungen als viel zu wuchtig und ausladend empfanden, weil sie die Maß-

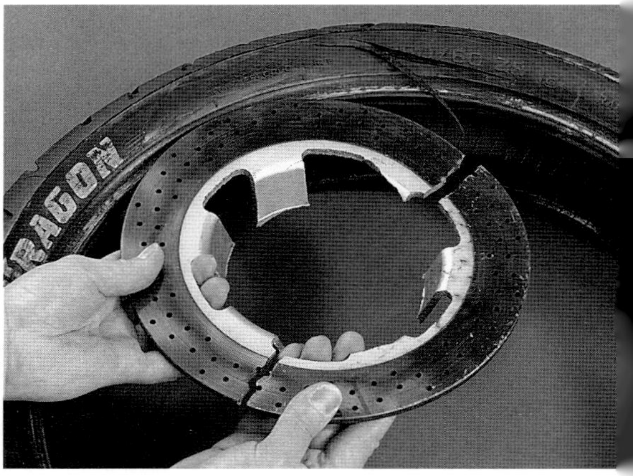

Aber Vorsicht: Nicht alle »geprüften« Teile eines käuflichen Umbaukits sind auch immer sicher. Diese Erfahrung mußte der Autor im Falle der hinteren Bremsanlage der Martin-Honda machen. Bei einer Bremsung von 160 auf 80 km/h flog die hintere Bremsscheibe einfach davon und schlitzte dabei den Reifen auf. Glücklicherweise blieb aber sonst alles heil.

PS-EDEL-BIKE Nummer zwei: Die Triumph lightweight 900 entstand als Gemeinschaftsprojekt mit zwölf Sponsoren und wurde im Rennsportmuseum auf dem Nürburgring präsentiert. Auch die lightweight fand sich später in 'EDEL-BIKES selbstgebaut' mit ihrer Entstehungsgeschichte wieder.

stäbe einer Rennmaschine anlegten. Mir selbst ging es auch so, als ich einmal für 1000 Mark eine mittels diverser Zubehörteile umgebaute Honda CB 750 K2 erstand. Sie sah zwar spektakulär und auf den ersten Blick sehr schnell aus, doch der Schein trog: An wirklich schnelles Fahren war mit dem serienmäßigen Chassis nicht zu denken, und eine gesteigerte Höchstgeschwindigkeit brachte die zerklüftete Verkleidung auch nicht. Deshalb reifte nach und nach der Entschluß, irgendwann ein Motorrad ganz nach eigenen Vorstellungen zu bauen. Mit baulichen Kompromissen lediglich dort, wo sie der Gesetzgeber unbedingt verlangte.

Meine Wahl fiel 1985 schließlich auf eine Honda VF 750 F, und das aus mehreren Gründen. Honda hatte sich seit Einführung der CB 750 anno 1969 besonders im Langstrecken-Rennsport als schlagkräftig und innovativ herausgestellt, und nicht nur für mich schwebten die Honda-Werksrennmaschinen technologisch sozusagen über allem anderen. Da Honda 1982 in diesem Bereich des Rennsports vom Reihenmotor mit Erfolg auf den V-Vierzylinder wechselte, hielt ich dieses Motorenkonzept für zukunftsweisend und damit für mich als Privatier bestens geeignet, eine sehr sportliche Straßenmaschine auf die Räder zu stellen. RS 750 R hieß mein Traummotorrad. Die Langstrecken-Werksmaschine, die im Prinzip über einen sehr verwandten Motor wie die VF 750 F verfügte, sollte als Vorbild für mein persönliches Edelbike dienen.

Freilich setzte der karg gefüllte Geldbeutel der Umsetzung meines Traums erneut deutliche Grenzen, und so versuchte ich es zunächst mit einem Kompromiß. Eine aerodynamisch gut konzipierte Vollverkleidung des Bad Rappenauer Verkleidungsspezialisten Harald Haungs ersetzte die serienmäßige Bikini-Verkleidung, und anstelle der Zweipersonen-Sitzbank bot fortan ein selbstgefertigter Einmann-Höcker Platz. Tief montierte Stummellenker, zurückgelegte Fußrasten und eine leichtere Yoshimura-Auspuffanlage vervollständigten den Sport-Umbau.

Zwei Jahre später, 1987, ersetzte ich schließlich die Comstar-Räder durch edle Leichtmetallfelgen von PVM und vernickelte außerdem den Rahmen. Ein Motorschaden – bei zirka 200 km/h lief ein Pleuellager ein – war zudem ein willkommener Anlaß, das Triebwerk beim Honda-Spezialisten Roland Eckert mittels HRC-Nockenwellen auf etwas mehr Leistung bringen zu lassen. In diesem Trimm rannte die so umgebaute VF 750 F schließlich bis 1989.

Während dieser Zeit betrieb ich aber nicht nur VF-Tuning, sondern legte auch Hand an diverse Maschinen von Freunden an. So etwa wurde eine Yamaha RD 350 LC zur leichten TZ-Rennreplica umgebaut, wobei neben der Optik mit kleiner Einmannsitzbank und Stummellenker auch der Motor mittels eines 375 cm^3-Zylinderbankettes von der Vierzylinder-Rennmaschine OW 31 kräftig auf Leistung gebracht wurde. Gut 200 km/h Höchstgeschwindigkeit erreichte das getunte Teil damals.

Ein weiteres Highlight war der Umbau einer Suzuki RG 500 Gamma. Der mit 97 PS Leistung ohnehin bereits extrem kraftvolle Zweitakt-Vierzylinder wurde lediglich der serienmäßigen Verkleidung und Sitzbank beraubt, um mittels aerodynamisch hochwertiger Komponenten vor allem an Erscheinungsbild und Höchstgeschwindigkeit zu gewinnen. Der Rohling der Verkleidung stammte von einer Honda RS 500-Grand Prix-Rennmaschine, die Sitzbank war der RG 500, ebenfalls einem Grand Prix-Gerät, entliehen. Außerdem rückten ein tief plazierter Stummellenker sowie zurückgelegte Fußrasten die Sitzposition entsprechend sportlich zurecht.

Neben diesen beiden Zweitakt-Rennern baute ich außerdem eine weitere VF 750 F

Erstes PS-Projekt: Die Martin-Honda VF 1000 F2 entstand als erstes PS-EDEL-BIKE und legte den Grundstein für den Bestseller 'EDEL-BIKES selbstgebaut'.

Man muß nicht gleich in die Luft gehen: Manchmal aber läßt es sich nicht umgehen. Fliegen gehört neben Motorradfahren zu den Lieblingsbeschäftigungen des Autors. Wie für alle Fahrzeuge gilt auch hier: Verschönern, verbessern, veredeln.

in ähnlichem Trimm sowie eine Honda XBR 500 für Freunde um. Beide Male zierten die Maschinen übrigens eine quasi als persönliches Markenzeichen entworfene Lackierung in Gelb-Weiss.

Im Sommer 1989 zeigte schließlich *PS Das Sport-Motorrad Magazin* Interesse an meinen Umbauaktivitäten, insbesondere an meiner VF 750 F. Mittlerweile hatte ich meinem Traum-Gerät auch noch eine Brembo-Bremsanlage aus dem Langstreckenrennsport sowie eine leichte Forcella-Gabel spendiert und außerdem die hausbackenen Honda-Instrumente durch eine Eigenkreation ersetzt. In Heft 8/89 war es schließlich soweit: Die VF 750 F wurde vom damaligen Testredakteur und heutigen PS-Geschäftsführer Michael Pfeiffer in der Serie 'EDELBIKE' vorgestellt.

Diese Vorstellung mündete gleichzeitig in einen intensiven Kontakt mit der Redaktion, was dazu führte, daß ich schließlich im Frühjahr 1991 meinen Job als Organisationsprogrammierer und Datenbankorganisator in der Systementwicklung gegen einen Redakteurssessel bei der Motorpresse Stuttgart tauschte.

Was in den kommenden Jahren folgte, kennen Sie als PS-Leser möglicherweise recht genau. Zunächst übernahm ich die PS-Edelbike-Serie, und schrieb zusammen mit dem damaligen geschäftsführenden Redakteur Volker Koerdt sowie einigen PS-Kollegen den ersten Bildband zur Serie EDELBIKE. Der nächste Schritt außerhalb meines Redakteursdaseins im Ressort Test und Technik folgte in Form des Buches *EDEL-BIKES selbstgebaut*, worin ich den Aufbau verschiedener Motorräder, einer Martin-Honda VF 1000 F2, einer Honda Endurance-Replica RS 750 R sowie einer Dreizylinder-Triumph lightweight 900 ausführlich beschrieb. Eine Reihe weiterer Bücher folgte, so etwa eines über die Honda V4-Modelle.

Seit 1995 bin ich Leitender Redakteur im Sport-Ressort von PS. Speziell in der Superbike-Weltmeisterschaft, um die ich mich vordringlich kümmere, bekommt der Edelbiker viele wichtige und verwertbare Anregungen für den Aufbau eines guten Straßen-Sportmotorrades. Entsprechend ließen auch hier die längst überfälligen Buchtitel nicht lange auf sich warten, und so erschienen 'Superbike-WM', 'Superbike-WM '96' und 'Superbike-WM '97' als reichhaltig und mit vielen Technik-Beiträgen garnierte Begleiter zu dieser Rennserie.

Indirekt hat sogar eine weitere persönliche Leidenschaft, die Fliegerei, damit zu tun. Obwohl Flugzeuge und Motorräder nur wenige Gemeinsamkeiten besitzen, zeigte sich bei der Restaurierung der 1962 gebauten Pützer Elster, daß viele Arbeitsgänge nahtlos übertragbar sind. So wurde auch diese Maschine lackiert, doch die Aufbringung der Zierstreifen etwa erfolgte nicht mittels eines Lackes, sondern in Form von hauchdünner und UV-beständiger Klebefolie. Gerade diese Folien sind heute mittels Schnittcomputern in praktisch allen gewünschten Formen zuschneidbar und ersparen langwieriges Abkleben und Lackieren. Im Prinzip genügt auch beim Motorrad eine Grundfarbe, auf welcher sich später die entsprechenden Design-Folien aufbringen lassen.

Zum Abschluß erfolgt lediglich ein Überzug mit Zweikomponenten-Klarlack – fertig!

Bestimmt werde ich auch in Zukunft an Flugzeugen oder Motorrädern Hand anlegen, einige Projekte, mit Flügeln wie mit Rädern, sind bereits in Planung. Und ganz sicher werden einige davon auch wieder Gegenstand eines Buches werden, dem der passionierte Edelbiker dann den einen oder anderen Tip für den Aufbau seines ganz persönlichen Traum-Motorrades entnehmen kann.

Big Bike: Streetfighter als Trendsetter

Streetfighter-Entwicklungen sind hierzulande seit Mitte der Neunziger ein Begriff. Streetfighter-Hochburg war Großbritannien, Triumph nahm 1996 mit der T509 Speed Triple die erste Serienmaschine mit dieser Optik ins Programm. Streetfighter sind inzwischen Mega-in – was nicht zuletzt an Firmen wie Big Bike liegt.

Voll im Trend

Mit 1127 cm³ Hubraum und einem Turbolader hievte das Big Bike-Team ein Suzuki GSX-R-Triebwerk bei Bedarf auf gewaltige 300 PS und erfüllt damit im Moko-Fahrwerk selbst die kühnsten Streetfighter-Träume. Doch dieser Leistungshammer ist nur der vorläufige Höhepunkt einer Entwicklung, die 1993 begann.

Die Motorradwelt ist 1993 fest im Griff weitgehend serienmäßiger und damit unauffälliger Motorräder. Aber ein kleiner Fachbetrieb in der Nähe von Heilbronn bei Stuttgart leistet erbitterten Widerstand gegen die grasierende Uniformität in der Motorradlandschaft und schockt die Biker-Szene mit breit bereiften, hochglanzpolierten und schaurig-schön lackierten Show-Bikes – den Streetfightern. Die Rede ist von Holger Schnell und seinem Big Bike-Team.

Seine Tuner-Karriere startete Streetfighter-Ideologe Schnell wie so viele in diesem Gewerbe einst in der elterlichen Garage, wo er erst Mofas frisiert, dann Kleinkraft-

Show-Time: Sogenannte 'Burnouts' sind das Markenzeichen der Streetfighter-Szene. Über Sinn und Unsinn läßt sich nicht streiten, aber dem Publikum gefällt's.

Typisch Big-Bike: Motorradumbauten der Stilrichtung 'Streetfighter' sind die Spezialität des kleinen Betriebes in Hüffenhardt. Hier eine Honda CBR 900 RR und eine Yamaha YZF 750 (v. l.).

räder schneller gemacht und schließlich Motorräder drastisch umgestaltet hat. 1993 machte der überzeugte Tuning-Freak sein Hobby dann schließlich zum Beruf, und seitdem sorgte er für Aufsehen in der Szene. Wir erinnern uns an seine Lachgasbefeuerte und aufwendig airgebrushte Yamaha, die mittels der kleinen lachgasflasche im Heckbürzel gewaltige 174 PS ans Hinterrad drückte, eine in erster Linie optisch aufgemotzte Suzuki GSX-R 750 mit 1100er-Motor und selbstgefertigter Bananenschwinge, den Pirelli-Streetfighter auf Suzuki-Basis, der ebenfalls in diesem Buch ausführlicher vorgestellt wird, oder die Honda CBR 900 RR, die sich unter seinen Händen ebenfalls in einen Streetfighter verwandeln durfte.

Nach dem Motto »Das alles kann's noch nicht gewesen sein«, gingen Holger und seine Mechaniker, Designer und Lackierer 1995 in sich, und heraus kam eine wie immer völlig verrückte Idee. »Wir bauen den Überhammer schlechthin. Einen Streetfighter, der alles bisher Dagewesene schlägt – sowohl in punkto Leistung, als auch im optischen Auftritt«, sagte sich die eingeschworene Truppe aus Hüffenhardt und legte los.

Ein alter luft-/ölgekühlter Reihenvierzylinder aus der Suzuki GSX-R 1100 kam mit 140 PS und viel Drehmoment als Basis gerade recht. 150 oder 160 PS Leistung waren aber keinesfalls das anvisierte Ziel bei diesem Projekt, weshalb die Power-Freaks rasch beim Turbolader landeten. »Da gibt es in den USA fertige Kits von Hahn Race Craft, was uns mühsame Versuche und hoffentlich auch einige teure Motorschäden erspart«, erkannte Schnell und flanschte kurzerhand einen solchen Luftverdichter samt selbstgebautem Edelstahl-Auspuff, Bypass-Ventil und S&S-Vergaser an den Motor.

Den Aufbau des Triebwerkes mit Carrillo-Pleueln, feingewuchteter Kurbelwelle sowie optimierten Brennräumen und Kanälen ließ Schnell, der nach eigener Auffassung »in erster Linie Ideenlieferant« ist, bei Motorenspezialist Jürgen Besenbeck im schwäbischen Großbettlingen bei Stuttgart machen.

Auch beim Fahrwerk setzte Schnell auf Außergewöhnliches und implantierte das 300 PS starke Herz in ein verchromtes Moko-Chassis. Der schweizerische Zentralrohrrahmen besticht nicht nur durch eine höchst gediegene Verarbeitung mit blitzsauberen Schweißnähten, sondern ist mit etwa sieben Kilogramm Gewicht auch überaus leicht. Mit der drastisch angehobenen Leistung dürfte das Zentralrohrchassis nach Egli-Vorbild indes nur wenig Probleme bekommen, denn bereits Erfinder Fritz W. Egli bewies in den 80er Jahren mit der Rekordmaschine MRD 1, daß Leistungen um 300 PS diesem Rahmenkonzept durchaus anvertraut werden können.

Neben der reinen Technik liegt Schnell aber vor allem der gekonnte Show-Auftritt all seiner Streetfighter besonders am Herzen. In optisch anmachender Streetfighter-Qualität erhielt die Leichtmetallschwinge deshalb gleich zwei Versteifungszüge und wurde wie auch die Upside-Down-Gabel aus einer Suzuki GSX-R 750 auf absoluten Hochglanz poliert.

In guter Big Bike-Tradition ließ der Chef seinem Lackierer Enrico Lichtenberger auch bei diesem Projekt freien Lauf, und heraus kam einmal mehr ein Airbrush-Lebewesen, das die winzige Lenkerverkleidung ziert.

Und wo der TüV-Ingenieur staubtrocken zwei Rundscheinwerfer als »Beleuchtungseinrichtung vorne« in die Papiere einträgt, erkennt Holger Schnell die Augen eines bösen Untieres. So setzt jeder die Prioritäten eben auf seine Weise.

»Die ersten Tests waren überaus ermunternd«, berichtete Schnell kurz nach dem Fototermin. Soll heißen, die Räder drehen sich, und der Motor ist noch heile. Klar ist den Widerstandskämpfern in Hüffenhardt freilich nach der Fertigstellung, daß der 300 PS-Bolide nun vor allem nach kundiger Abstimmungsarbeit verlangt, denn selbst die schönste Airbrush-Lackierung und der dickste Turbolader, und das weiß auch die Big Bike-Mannschaft, nützt nur, wenn die Fuhre letztlich auch sauber um's Eck rennt.

Big-Bike's erstes PS-Edelbike: Eine Suzuki GSX-R mit wassergekühltem Vierzylinder, allerlei edlen Anbauteilen und einer wie immer perfekten Lackierung.

The Show must go on: Big-Bike ist mit seinen Umbauten auf zahlreichen Messen und Sonderschauen im süddeutschen Raum stets einer der Anziehungspunkte.

Drachenfutter

Besondere Reifen brauchen auch ein besonderes Motorrad, dachte sich Pirelli-Produkt-Manager Otto Kallenbach und initiierte zusammen mit Spezialist Big Bike den Umbau einer GSX-R 750 zum »Dragon-Streetfighter«.

Auf der Motorradmesse »MOTORRAD-POWER '96« in Sindelfingen bei Stuttgart nahm das Schicksal seinen Lauf. Da nämlich kam Pirelli-Produkt-Manager Otto Kallenbach beim Anblick eines Honda CBR 900 RR-Streetfighters ein zündender Gedanke. »Die Idee mit der auf die Lenkerverkleidung lackierten Alien-Fratze ist einfach genial. Da würde sich auch das Konterfei unseres Werbeträgers und Weltklasse-Sprinters Carl Lewis gut machen«, sinnierte der Bayer und hatte sein Traum-Bike bereits vor Augen.

Doch wie das Leben eben spielt: Die Freizeit für viele notwendige Werkstattstunden fehlte, und so blieb nur der gemeinsame Weg mit namhaften Tunern in der Branche. Holger Schnell, Streetfighter-Experte und Chef der Firma Big Bike in Hüffenhardt bei Heilbronn, übernahm Planung sowie Aufbau des Einzelstückes.

Als Basis wurde zunächst eine brandneue Suzuki GSX-R 750 geordert. Im allerersten Arbeitsgang durften zunächst alle serienmäßigen Verkleidungsteile postwendend den Gang ins Ersatzteilregal antreten, da sie für den Streetfighterumbau alles andere als geeignet waren. Schließlich braucht ein echter Streetfighter eine knapp geschnittene Lenkerverkleidung und eine kurzes Stummelheck, in dem der fette Hinterreifen dann auch gut zur Geltung kommt. Beides entstand im Handlaminierverfahren in Big Bikes Glasfaser-Küche.

Hierzu wurde natürlich von allen Teilen zunächst ein Positiv-Modell angefertigt, das immer wieder angepaßt, nachgearbeitet, gespachtelt und geschliffen wurde. Erst als die endgültige Form feststand und sämtliche Halterungen, Passungen und Anschlüsse perfektioniert waren, konnte es an den Bau der aufwendigen Negativformen gehen.

Kunst am Bike: Carl Lewis' Werbe-Konterfei für den Reifenhersteller Pirelli prangt dank Enrico Lichtenbergers Airbrush-Künsten nun auf der Lenkerverkleidung.

Extrem aufwendig: Die Lackierung der Phoenix-Räder erforderte Zeit und Genauigkeit bei der Arbeit. Doch die Mühe hat sich gelohnt.

Aufwendig: WP-Upside-down-Telegabel und hochwertige Beringer-Sechskolben-Bremsen sind optisch wie technisch ein Hochgenuß.

Mittels Trennmittel und senkrechter Kanten zur späteren Teilung der Formen bereitete man die Modelle vor, und zahlreiche Schichten Glasgewebe ließen unter Hinzugabe von Epoxydharz schließlich die hochwertigen Formen entstehen. Aus diesen entstanden im folgenden Arbeitsgang dann die eigentlichen leichten GfK-Formteile fürs Motorrad selbst.

Neben der damit geschaffenen Grundlagen für ein brachiales Outfit war aber auch der Verbau hochwertigster Technik-Komponenten notwendig, sollte die bereits serienmäßig nicht gerade ärmlich ausgestattete Suzuki GSX-R 750 wirklich zum Edelbike mutieren.

So spendete ein 6,25 Zoll breites Phoenix-Hinterrad den üppigen Felgenraum zur

Perfekte Umsetzung eines Themas: Pirelli wollte einen Dragon-Streetfighter – Big-Bike schuf ihn.

Montage eines haftfreudigen und imageträchtigen Pirelli Dragon-Pneus im XXL-Format 200/50 ZR 17. Vorne dagegen durfte sich auf einem 3,5 Zoll breiten

Noch mehr Arbeit: Das Riffelblech-Design auf den Rahmenprofilen war am zeitintensivsten. Die RaiRoTec-Fußrasten wurden hingegen zugekauft.

Phoenix-Rad ebenfalls ein Dragon in der Dimension 120/70 ZR 17 um Haftungsfragen kümmern.

Die optimale Verarbeitung von Fahrbahnunebenheiten vertraute Holger Schnell wiederum nicht den Serien-Federelementen an, sondern orderte bei White Power eine Upside-down-Gabel mit Titannitrit-beschichteten Tauchrohren nebst einem Zentralfederbein. Beide Elemente natürlich hinsichtlich Feder- und Dämpfungsraten mannigfaltig einstellbar, versteht sich.

Ebenfalls ins Ersatzteilregal wanderte die Serienschwinge der GSX-R 750. Die Hinterradführung fand Ersatz durch eine voluminöse Einarmschwinge von Formula. Dieses Leichtmetall-Exemplar mit aufgeschweißtem Kettentunnel und fünf Zentimetern mehr Radstand befand der Erbauer als würdig, das Erbe des gut funktionieren-

Supergut: Das Ergebnis ist auch im Detail professionell. Für die begehrte Straßenzulassung müßte das Hinterrad aber einen Spritzschutz und die Lenkerverkleidung einen Scheinwerfer bekommen. Beides ist für ein Ausstellungsstück zwar nicht nötig, wurde von Big-Bike aber später nachgerüstet.

den Serienteils anzutreten. Freilich verwendete er dabei die serienmäßige und bewährte Umlenkhebelei der Suzuki weiter.

Exklusives Material fand sich aber auch als Ersatz für die hervorragenden aber leider völlig serienmäßigen Bremsen. Während hinten ein kleiner, aber feiner Brembo P05-Zweikolben-Festsattel in eine 210 Millimeter kleine Bremsscheibe beißen darf, kümmern sich vorne zwei wunderschön gefräste Sechskolben-Festsattelzangen von Beringer um nachhaltige Verzögerung. Edelbike-Spezialist Karsten Henkel von HESA Motorsport stellte die hochwertigen Stopper zusammen mit den 310 Millimeter großen, schwimmend gelagerten Bremsscheiben zur Verfügung. Stahlflex-Bremsleitungen von Fischer-Hydraulik sorgten zudem für einen stabilen Druckpunkt.

Streetfighter-gerechte, ergonomische Verhältnisse garantierte wiederum RaiRo-Tec. Der aus dem Rennsport hinlänglich bekannte Hersteller feinster CNC-Fräs- und

Paßgenau: Der Einmannhöcker erhielt auf der Unterseite einen mittels Schnellverschlüssen abnehmbaren, integrierten Innenkotflügel.

Drehteile übernahm kurzerhand die Anfertigung der Fußrasten sowie der Gabelbrücken aus Leichtmetall. In Verbindung mit einem Micron-Superbike-Lenker ergab sich damit die typische Sitzhaltung mit stark angewinkelten Knien und aufrechtem Oberkörper – genauso, wie es der waschechte Streetfighter-Pilot gerne mag.

Angesichts des fahrfertigen Gewichts von nur mehr 196 Kilogramm als völlig ausreichend empfanden alle am Projekt Beteiligten indes die vom Suzuki-Triebwerk gebotene Serienleistung von 128 PS. Lediglich eine Phoenix-Auspuffanlage aus hochwertigem und poliertem Edelstahl mit angeflanschtem Remus-Carbon-Schalldämpfer sorgte sich fortan um etwas aggressiveren Sound.

Last but not least kümmerte sich Big Bike-Chef Holger Schnell zusammen mit Airbrusher Enrico »Toni« Lichtenberger und Lackierer Rainer Bucher um eine unverwechselbare Farbgebung des Dragon-Streetfighters. Alleine für die Rahmenlackierung dauerte zwei Wochen, denn

Bekannt gut: RaiRoTec bietet für zahlreiche Maschinen die bekannt hochwertigen Fußrastenanlagen an. Die Firma hat seit Jahren auch im Rennsport einen Namen.

Ein Prachtstück: Die Formula-Schwinge mit integriertem Kettentunnel ersetzte an der GSX-R 750 auf spektakuläre Weise die serienmäßige Zweiarmschwinge.

Moment mal: Kleine Verbindungsrohre zwischen den Krümmern der Edelstahlauspuffanlage verbessern das Drehmomentverhalten des Vierzylinders.

Vollkommen ausreichend: Das serienmäßige GSX-R-Cockpit wurde »saugend« ins Verkleidungsteil integriert. Der Micron-Lenker sorgt für aufrechte Haltung.

schließlich wurde das Blechplattenmuster Strich für Strich schabloniert, airgebrusht und, wo nötig, mit einem feinen Haarpinsel nachgearbeitet.

Zuerst aber wurde der Rahmen natürlich grundiert und mit silbernem Lack sowie Klarlack überzogen. Erst dann konnte es an die Ausarbeitung der Riffelblechstruktur gehen. Sieben Schichten Klarlack lieferten zum Schluß schließlich eine spiegelglatte Oberfläche auf dem Rahmen.

Noch toller trieben es die Edelbiker, als es an die farbige Aufbereitung von Kotflü-

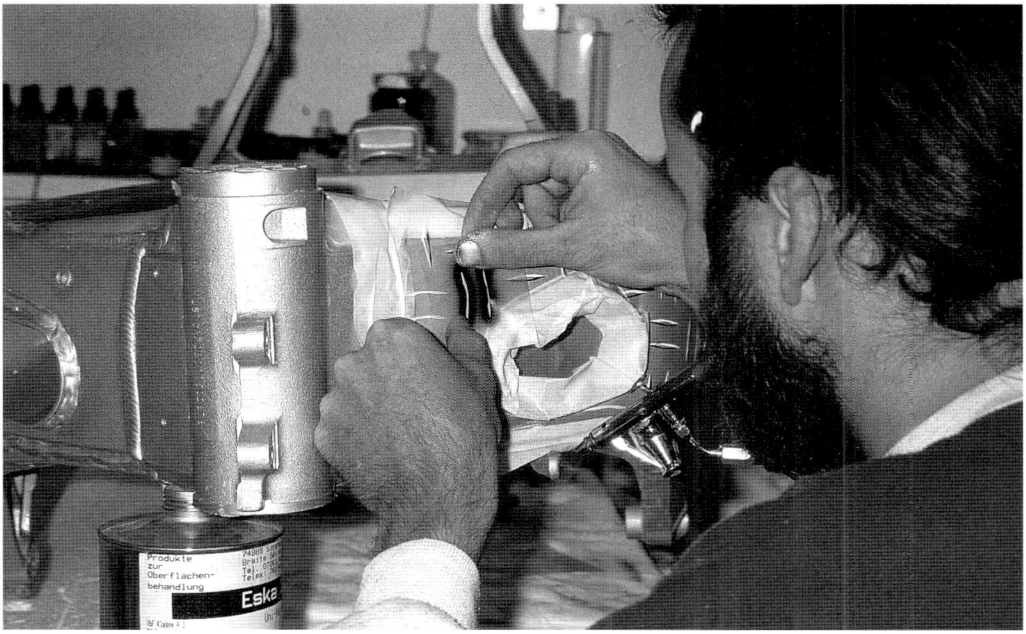

Stückchen für Stückchen Qualität: Jede einzelne Riffelblecherhebung wurde von Big-Bike-Airbrusher Enrico Lichtenberger zuerst per Schablone abgeklebt.

Fast fertig: Der 'Riffelblech-Rahmen' der Pirelli-Suzuki GSX-R 750 vor der Lackierung mit mehreren Schichten Klarlack.

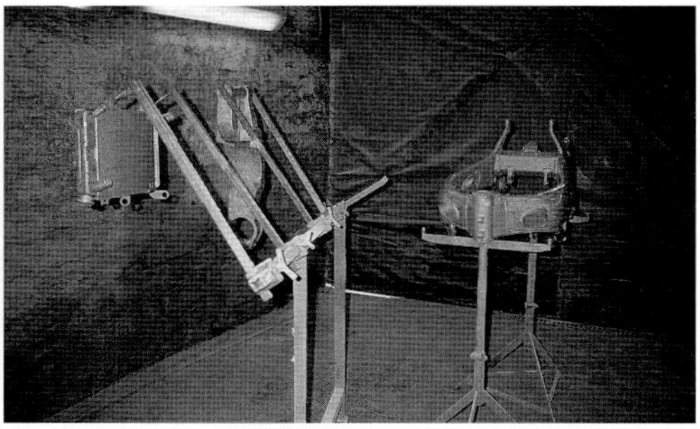

Letzter Gang: Der mehrfache Auftrag von Klarlack erfolgte im Gegensatz zu den filigranen Airbrusharbeiten in einer Lackierkabine mit Heizung und Absaugung.

Gelb als Basis: Der erste Farbauftrag erfolgte mit gelbem Basislack. Danach wurde bereits die Position der Schriftzüge festgelegt.

Zwischendurch: Big-Bike-Chef Holger Schnell bei der Montage des Motors in den Rahmen, während parallel dazu die Lackflächen der Verkleidungsteile entstehen.

gel, Tank, Sitzbank, Felgen und Verkleidung ging. Zuvor aber wurden natürlich alle zu lackierenden Teile erst mit einer haftvermittelnden Grundierung gespritzt, und im Anschluß wurde eine Schicht Füller zur Glättung aller feinen Poren und Unebenheiten vorgelegt. Dann folgte als Grundlage der eigentlichen Lackierung gelber Basislack.

Nach dem Abtrocknen dieser Lackschicht machten sich Enrico Lichtenberger und Rainer Bucher an das Abkleben der später mit Airbrusharbeiten zu verzierenden Flächen. Dazu schablonierten sie zunächst die mit gelb zu hinterlegenden Flächen aus und deckten diese ab. Der folgende Arbeitsgang sah dann das Aufspritzen eines Basislackes in Schwarzmetallic vor. Im Anschluß folgte dann – unter jeweiligem Zwischenschliff mit 1200er Naßschleifpapier – die Versiegelung der Flächen mit zwei Schichten Klarlack. Erst jetzt ging es an die Anwendung der Airbrushtechnik. Parallel zu allen anderen Lackteilen entstand jetzt auch das Carl Lewis-Portrait auf der kleinen Lenkerverkleidung. Hierfür verwendete Enrico Lichtenberger nur Weiß, Grau und Schwarz.

Bei den übrigen Airbrush-Designs erzielte er den »Stein-Effekt«, also den plastischen optischen Effekt – eine aufwendige Arbeit (wie übrigens jede gute Airbrusharbeit), aber nur so läßt sich eine räumliche Tiefenwirkung erzielen.

Im Folgenden lackierte Lichtenberger die Schriftzüge, und Rainer Bucher versiegelte, wiederum unter Zwischenschliff, mit acht Schichten Klarlack. Das Carl Lewis-Portrait auf die kleine Lenkerverschalung versiegelten zehn Schichten Klarlack nach jeweiligem Zwischenschliff mit 1200er Naßschleifpapier.

Nach über acht Wochen Arbeit und zahlreichen Nachtschichten entstand so ein Ausstellungsstück, das nur mangels Frontbeleuchtung niemals den Straßenverkehr sehen wird, aber einfach schön anzusehen ist – handwerklich perfekt gemacht und mit vielen wunderschönen Ideen. Und das macht ein wahres Edelbike eben aus.

Volle Ladung

Mit 200 PS und mehr erfüllte sich Holger Schnell den Traum vom Power-Streetfighter. Basis für diesen spektakulären Umbau bildet ein Moko-Zentralrohrrahmen sowie ein Suzuki-Vierzylinder mit Turbolader.

Die Idee war simpel, die Ausführung schwierig: »Ich will das stärkste straßenzugelassene Motorrad in Deutschland bauen«, setzte sich Big Bike-Chef Holger Schnell 1995 ein ganz persönliches Ziel. Freilich, das wußte er schon jetzt, würde es ihm letztlich nicht um eine maximale Höchstgeschwindigkeit dieser Maschine, sondern vielmehr um brachiale Beschleunigung sowie um eine für seinen Betrieb typische Streetfighter-Optik gehen.

»Diesmal wollte ich aber kein Serienfahrwerk dafür verwenden. Es mußte etwas ganz besonderes sein«, erzählt Schnell aus der Planungsphase des Projektes. Fündig wurde er schließlich beim schweizerischen Fahrwerksbauer Moko, der mit einem Zentralrohrrahmen für das ohnehin schon kräftige Suzuki GSX-R 1100-Triebwerk aufwarten konnte.

Die Überlegung, einen der alten luft-/ölgekühlten Suzuki-Vierzylinder aus der GSX-R 1100 für diesen Umbau zu verwenden, bot sich aus vielerlei Gründen an. Einerseits verfügt bereits das Serienaggregat über gewaltige 138 PS, und außerdem konnte mit 1127 cm³ Hubraum aus dem Vollen geschöpft werden. Hinzu kamen positive Erfahrungen, was die Standfestigkeit des Motors anbelangte. Doch dazu später mehr.

Optisch das Maß aller Streetfighter-Dinge: Big-Bike's Turbo mit zulassungsfähigen 200 PS, Moko-Rahmen und umwerfender Airbrush-Lackierung setzt zweifellos Maßstäbe.

Tierisch gut: Welcher Tierkopf für die Verzierung der Lenkerverkleidung Pate stand, weiß wohl niemand so recht. Auf jeden Fall aber ist die Arbeit sehr gut gemacht.

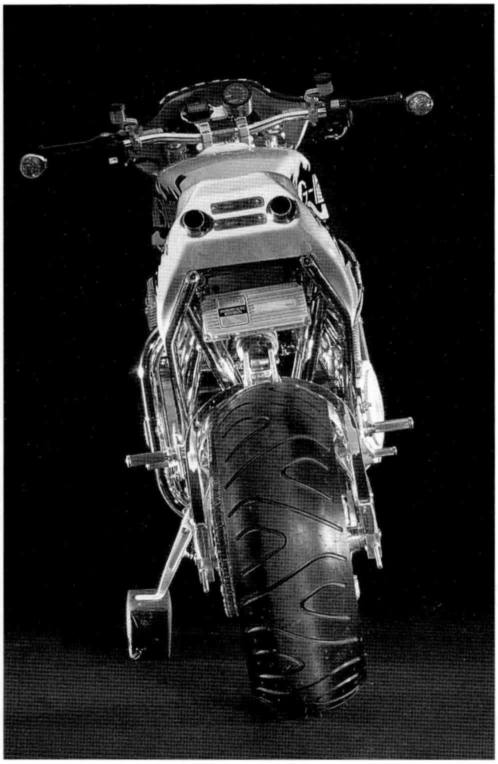

Breiter geht's kaum: Der 200er Hinterradreifen vom Typ Pirelli MTR 02 Corsa bekommt auf der 7,25 Zoll-Felge fast schon Sportwagen-Dimensionen.

Beim Aufbau des Chassis spendierte Holger Schnell vorne eine Upside-down-Gabel der Suzuki GSX-R 750, und fräste dafür sogar eigen Gabelbrücken aus Aluminium-Vollmaterial. Das Vorderrad in der Dimension 3,5 x 17« übernahm er ebenfalls von der GSX-R 750. Beim Hinterrad hingegen griff er auf das Pendant einer Honda CBR 900 RR zurück und brachte es zu Georg Deget, der als Spezialist für Felgenverbreiterungen aus dem ehedem 5,5 Zoll breiten Rad einen Kaventsmann mit 7,25 Zoll breiter Felgenschulter fertigte. Das wiederum stellte sicher, daß der Pirelli-Pneu in der Dimension 200/50 ZR 17 später gewaltig in der polierten Leichtmetallschwinge mit versteifenden Unter- und Oberzügen stand. Bei der Bremsanlage vertraute Schnell vorne (wie schon bei der Pirelli-Suzuki) auf die wunderschön gearbeiteten Sechskolben-Festsattelzangen von Beringer sowie schwimmend gelagerte 310 Millimeter-Bremsscheiben desselben Herstellers. Hinten dagegen fertigte er in Eigenregie eine Aufnahme für zwei Brembo-Zweikolben-Festsattelzangen, die hydraulisch in Serie geschaltet wurden. Dies freilich ohne zwingende Absicht, die Bremskräfte zu verstärken, sondern lediglich als optisches Highlight. Abschließend montierte er noch einen leichten Micron MSB 5-Lenker und zollte der Vorschrift nach »Fahrtrichtungsanzeigern« in Form zweier Ochsenaugenblinker von Hella Tribut. Die Fußrastenanlage lieferte der für hochwertiges Zubehör in diesem Bereich bekannte Hersteller RairoTec.

Hinsichtlich der Optik vertraute Schnell wie schon bei anderen Streetfightern, die er gebaut hatte, auf ein bekanntes Rezept. Man nehme einen selbstentwickelten Sitzbankhöcker, einen in Eigenregie gefertigten Vorderradkotflügel sowie eine knapp geschnittene Lenkerverkleidung. All diese Teile befanden sich bereits in Schnells Fundus, doch hat er sich lange vorher über Entwürfe erst zu aufwendigen Positiv-Modellen und dann zum Formenbau mit Glasfaser und Epoxydharz hocharbeiten müssen. Doch wenn die Formen erst einmal existieren, ist die Herstellung der Teile natürlich ein Klacks.

Nicht minder aufwendig – verglichen mit dem technischen Aufbau der Big Bike Turbo – fiel deren Lackierung aus. Freilich kam hier keine dezente Farbgebung in Frage, sondern getreu der Devise »the show must go on« entschieden sich Big Bike-Chef Holger Schnell, Lackierer Rainer Bucher und Airbrusher Enrico »Toni« Lichtenberger wie schon bei der Pirelli-Suzuki für eine besonders aufwendige optische Gestaltung.

Total breit: Auf 7,25 Zoll verbreiterte Serienfelge einer CBR 900 RR. Spezialist Georg Deget nimmt sich solcher Umbauarbeiten – mit TüV – an.

Rahmenbedingungen: Das schweizerische Moko-Zentralrohrfahrwerk folgt seinem eidgenössischen Vorbild von Fritz W. Egli und ist einfach im Aufbau, leicht und stabil.

Nach den üblichen Spachtel- und Schleifarbeiten, die sowohl an den GfK-Formteilen wie Höcker, Lenkerverkleidung und Sitzbank als auch am Leichtmetalltank und den Rädern notwendig waren, wurde zunächst als Haftvermittler eine Grundierung gespritzt, und anschließend erfolgte noch ein Auftrag mit Füller, um schließlich auch die feinsten Poren und Unebenheiten zu egalisieren.

Um den Farbton des bereits orangefarben lackierten Motors zu übernehmen, erfolgte dann ein Lackiergang mit weißem Basislack, auf den zunächst eine Schicht mit lasierendem Orange aufgetragen wurde. Anschließend erfolgte – nach gutem Durchhärten – das leichte Anschleifen aller Teile mit feinstem 1200er Naßschleifpapier.

Nun klebten die Lackier-Künstler die später mit Airbrusharbeiten auszufüllenden Flächen mit Maskierschablonen ab, spritzten darauf wiederum weißen Basislack und legten anschließend Metallicblau vor. In der Folge erhielten die auflackierten Tropfen mit der Airbrushpistole leichte Schattenkanten in lasierendem Schwarzmetallic, um eine räumliche Wirkung zu erzielen, und außerdem wurde auch gleich das »Innenleben« mittels Schablo-

Das paßt: Gedrehte Hülsen für die Auspuffendrohre nebst Rückleuchten fügen sich interessant und doch harmonisch in den kleinen Höcker ein.

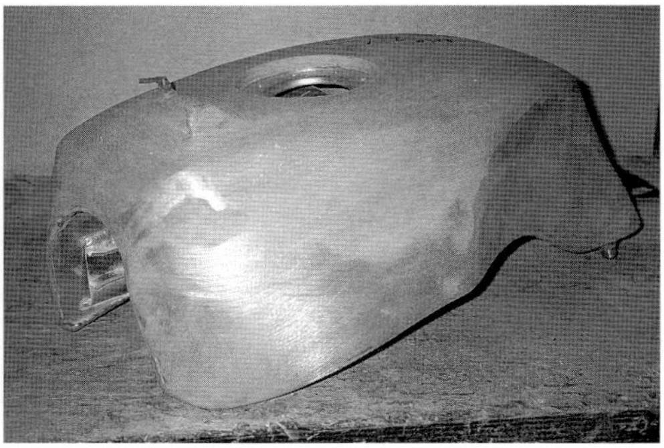

Ohne Spachteln geht's nicht: Der Leichtmetalltank erforderte vor der Grundierung zunächst den Ausgleich gröberer Unebenheiten mit Spachtelmasse.

nen airgebrusht. Das Herausarbeiten der Racing-Fahne erfolgte auch hier wieder mittels Schablonen.

Nun wurden die Schriftzüge abgeklebt und zunächst silbern lackiert und anschließend die Riffelblechstruktur in Schwarz-Weiß mittels Schablone eingebrusht. Danach befreiten die Lackierspezialisten sämtliche Orange-Flächen vom Maskierfilm und deckten wiederum sämtliche Innenflächen ab. Ein Helligkeitsstrich – zunächst mit weißem Basislack und anschließend leicht mit lasierendem Orange überzogen – sorgte im nächsten Arbeitsgang für einen besonders zarten Effekt bei den bereits auflackierten Tropfen. Die letztendliche räumliche Tiefe der Tropfen erreichte Toni Lichtenberger durch abschließendes Anlegen einer roten Kante.

Die letzten Arbeitsgänge sahen nun den Überzug der gesamten Lackflächen mit Klarlack vor, und Rainer Bucher spendierte den edlen Teilen nicht weniger als zehn Schichten des klaren Überzugs, jeweils mit einem 1200er Zwischenschliff.

Diese komprimierte Beschreibung der Arbeiten macht vielleicht deutlich, das Lackierarbeiten nur etwas für Profis sind.

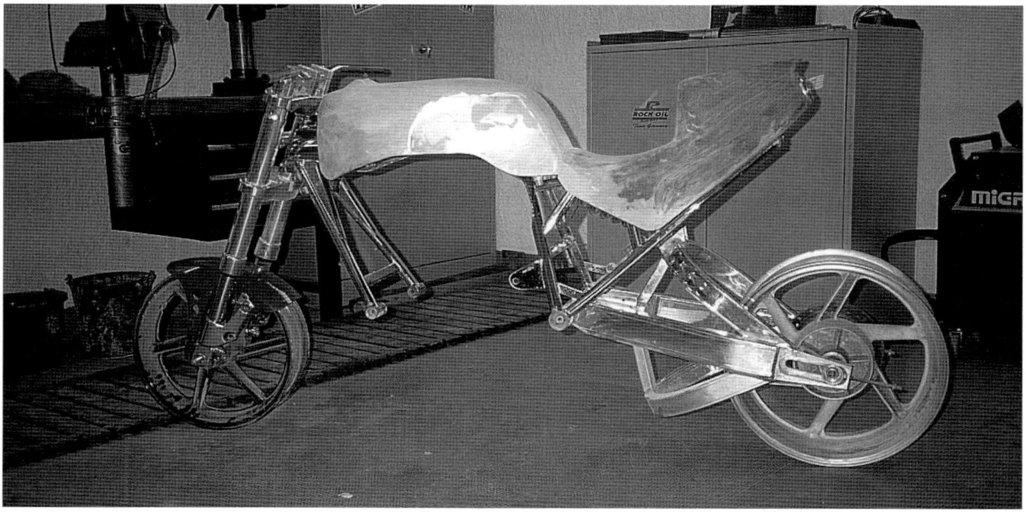

Nur zur Probe: Tank, Sitzbank und Chassis wurden vor dem Lackieren kurzzeitig vereint, um eventuelle Unstimmigkeiten hinsichtlich der Paßgenauigkeit noch aufspüren zu können.

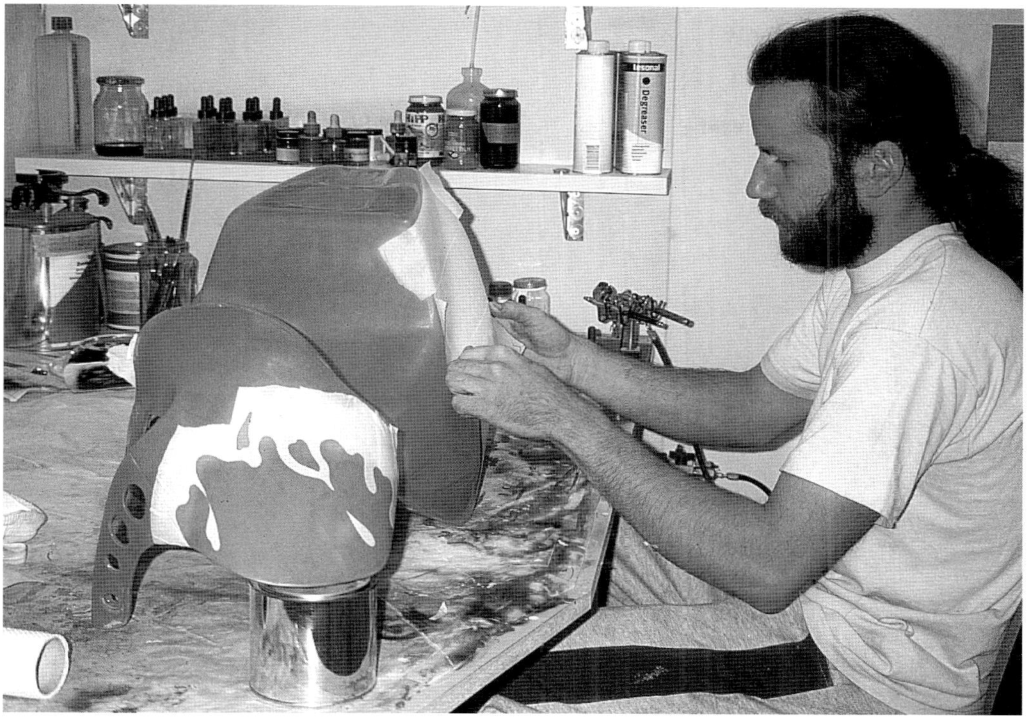

Nach einem Zwischenschliff mit feinem 1200er Naßschleifpapier erfolgte die Ausarbeitung der Airbrusharbeiten.

Denn gerade der Beruf des Lackierers/Airbrushers setzt neben einer Lackierkabine mit Absaugung sowie Kompressor und Spritzpistolen umfangreiche Kenntnisse über die zu verwendenden Lacke voraus. Von künstlerischem Gespür für die auszuführenden Airbrusharbeiten und der sicheren Handhabung des Spritzgriffels einmal ganz abgesehen.

Mein Tip: Ruhig ab und zu etwas selbst machen, aber keinesfalls ein komplettes Projekt in Angriff nehmen. In der Regel dauert es einige Jahre, bis selbst gelernte Lackierer solche Qualitäten wie hier bei der Big Bike Turbo erzielen. Der Weg zu den Profis zahlt sich durch die Einsparung von viel Lehrgeld aus.

Beim Motor-Tuning vertraute Holger Schnell hingegen ganz auf das Können und die Erfahrung der Firma BBM-Power, die Jürgen Besenbeck seit 1991 in Großbettlingen bei Stuttgart betreibt.

Der gelernte Maschinenschlosser blickt auf einige Jahre als aktiver Rennfahrer zurück und kennt sich nicht zuletzt deshalb mit der Materie bestens aus. Von 1984 bis 1986 startete er auf einer 1000er Rau-Kawasaki, bevor er 1987 mit einer Suzuki GSX-R 750 in die Serienklasse umstieg und dort Vize-Meister wurde. 1988 folgte, ebenfalls auf Suzuki, ein Abstecher zu den

Fuhrwerk orange: Als erster Lackauftrag nach Grundierung und Füller spritzte man zunächst orangen Basislack.

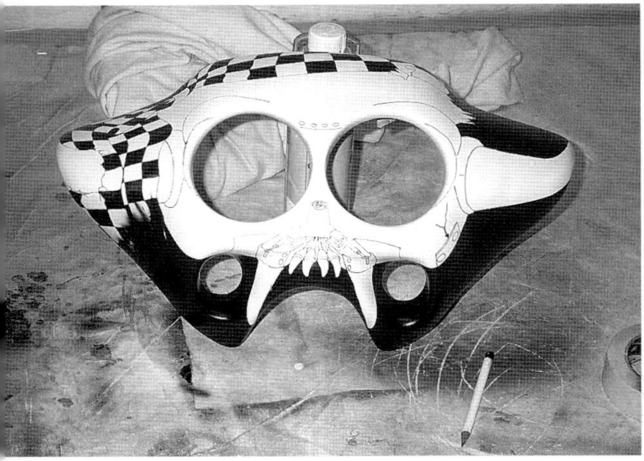

Während die orangefarbenen Flächen mit Maskierfolie abgedeckt sind, werden Weiß und Schwarz aufgetragen.

Vor dem Klarlack: Die aufwendigen Airbrusharbeiten mit filigranen Details haben viele Stunden verschlungen.

Superbikes, und 1989 beendete er seine aktive Laufbahn nochmals auf einer GSX-R 750 in der Serienklasse, um die persönliche Entwicklung in Richtung Selbständigkeit voranzutreiben.

Da er von 1989 bis 1991 als Mechaniker beim Suzuki-Spezialisten Speer in Reutlingen und von 1993 bis 1995 zudem als technischer Kommissar beim Speer-Cup tätig war, sammelte er nicht zuletzt mit den Suzuki-Vierzylindern jede Menge Erfahrung. Kein Wunder also, daß sich Suzuki-Fahrer in punkto Tuning gerne an ihn wenden.

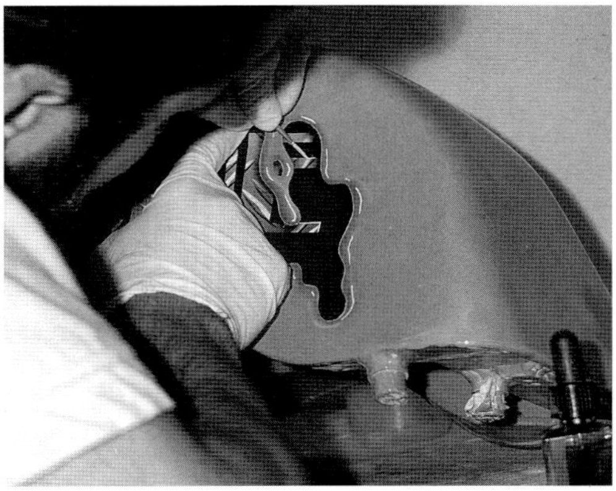

Man säh's eigentlich nicht: Meister Lichtenberger auch hier bei den letzten korrigierenden Strichen mit einem feinen Haarpinsel.

Beim Big Bike-Projekt zog er als Basis den 1127 cm^3 großen, luft-/ölgekühlten Vierzylinder der GSX-R 1100 (Bj. '91) heran. Dieses Triebwerk wurde zunächst einmal komplett zerlegt und gereinigt, später dann in zusammengebautem Zustand – jedoch ohne Innereien – glasperlengestrahlt. Nach neuerlichem Zerlegen und Reinigen baute Besenbeck sämtliche Gehäuse-Außenteile mit 0,5 Millimeter dicken Fühlerlehren zwischen den Dichtflächen wieder zusammen und überzog sie mit einem orangefarbenen Kunststofflack, wie er auch für die Beschichtung von Leichtmetallrädern verwendet wird.

Der Zusammenbau mit den dazwischengeschobenen Fühlerlehren hat den Vorteil, daß die satte Lackschicht beim Auseinanderschrauben der Teile an den Kanten der Dichtflächen nicht reißt, sondern der sich dazwischen angelagerte Lackfilm vor der Demontage sehr akurat mit einem scharfen Messer auftrennen läßt.

Danach machte sich der findige Schwabe an den Neuaufbau des motorischen Innenlebens, das ja zukünftig weit mehr als die serienmäßigen 138 PS zu verkraften hatte. »Die Kurbelwelle beließ ich aber im Serienzustand, denn gerade Turbo-

Vor der Hochzeit: Im Prinzip fehlten jetzt nur noch ein starker Motor, etwas Elektrik und die Lenkerverkleidung.

motoren können eine etwas massigere Kurbelwelle mit mehr Schwungmasse in unteren Drehzahlregionen der Laufkultur wegen besonders gut gebrauchen. Außerdem wollte ich aufgrund von 70 PS und mehr an zusätzlicher Leistung keine Risiken in punkto Stabilität eingehen. Die einzige Überarbeitung war deshalb das Feinwuchten der Welle«, erklärt Motoren-Mann Jürgen Besenbeck.

Neben steiferen Carrillo-Pleueln aus hochwertigem Chrom-Molybdänstahl bekam das 1100er Triebwerk auch Spezialkolben, die Spezialist Helmut Wahl in seinem Betrieb in Fellbach bei Stuttgart auf der Basis von Mahle-Rohlingen anfertigte. Wichtigste Änderung gegenüber den gegossenen Serienkolben war bei den geschmiedeten Exemplaren der acht Millimeter dicke Kolbenboden, der aufgrund der wesentlich höheren zukünftigen Verbrennungsdrücke derart massiv ausgelegt wurde. Mit einem Schaftspiel von 6/100 Millimeter bewegte sich Besenbeck hingegen in »handelsüblichen« Regionen.

Grundsätzlich werden Turbo-Motoren, sofern sie nachgerüstete Saugmotoren sind, gegenüber dem Serienaggregat deutlich niedriger verdichtet. Über eine zwei Millimeter dicke Dichtung am Zylinderfuß sowie Ausfräsen des Brennraumes an den Randbereichen zwischen Ein- und Auslaßventilen reduzierte Besenbeck die Kompression von vormals zirka 11:1 auf nun-

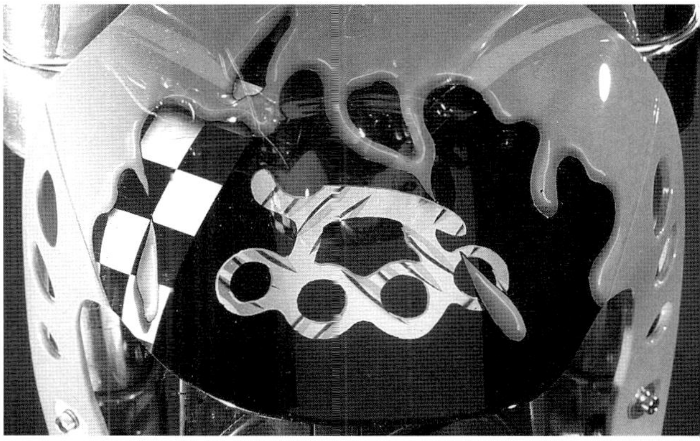

Feines Detail: Durch eine fein angenebelte rote Kante wirken die Tropfen, wie hier auf dem Vorderradkotflügel, im Endzustand extrem räumlich.

Im Ziel: Die schwarz-weiß-karierte Rennflagge bietet sowohl auf dem Vorderrad als auch auf dem Hinterrad einen effektvollen und interessanten Kontrast.

mehr geringe 7,5:1. Zur besseren Wärmeableitung vergrößerte er außerdem die Breite der Ventilsitze von ehedem 1,2 auf 1,5 Millimeter. Im Zuge dieser Arbeiten am Zylinderkopf wurden auch die Ein- und Auslaßkanäle strömungsgünstiger gestaltet und anschließend poliert. Zudem verzichtete Besenbeck bewußt darauf, die Ventilführungen zu kürzen, da die Ventilschäfte wiederum zur Wärmeabfuhr dienen und deshalb eine möglichst große Oberfläche zur Abgabe dieser enormen thermischen Energie benötigen.

Durch die bereits erwähnte Montage einer dickeren Zylinderfußdichtung wurden Zylinder samt Zylinderkopf leicht angehoben, was zu einer leichten Änderung der Steuerzeiten führte. Messungen ergaben, daß sich die Auslaßsteuerzeit und damit auch die Ventilüberschneidung um zehn Grad verkürzte. Um die für Turbo-Motoren gewünschte geringe Ventilüberschneidung zu erhalten, korrigierte Besenbeck die Einlaßsteuerzeit ebenfalls um zehn Grad Kurbelwinkel, was letztlich zu einer Verkürzung der Überschneidung von zehn Grad führte. Der Vorteil der kürzeren Überschneidung liegt im verminderten »Durchblaseffekt« des Turboladers. In der Phase der Ventilüberschneidung sind Ein- und Auslaßventil geöffnet, und beim Saugmotor fördert der zu dieser Zeit herrschende Unterdruck im Auspuffsystem einerseits die Zylinderentleerung vom Altgas sowie andererseits die Zylinderfüllung mit Frischgas. Beim Turbo-Triebwerk hingegen gelangt das Frischgas ohnedies mit Überdruck in den Motor, und eine große Ventilüberschneidung hätte somit zur Folge, daß große Mengen an Frischgas in den Auspuff entweichen würden.

Außerdem wurde der Zündzeitpunkt von vormals 38 auf jetzt 33 Grad zurückgenommen. Dies erfolgte über ein Langloch im Zündrotor, der auf dem Kurbelwellenstumpf sitzt. Da sich durch die Turbo-

Augenschmaus: Der fertige Big-Bike-Schriftzug läßt die dahinter befindliche Arbeit des Airbrush-Künstlers nur erahnen. Die Devise lautet: einfach genießen.

aufladung enorme Temperaturen im Brennraum entwickeln, ist ein zu frühes Zünden des Gemisches nicht wünschenswert. Die Risiken von Klopf- und Klingelneigung aufgrund unkontrollierten Verbrennungsablaufes und damit verbundener Schäden wie Absenken des Kolbenbodens oder Durchbrennen der Ventile steigen ansonsten rapide an.

Ebenfalls aufgrund der extremen thermischen Belastungen, die der Suzuki-Vierzylinder zukünftig zu verdauen hatte, spendierte Besenbeck dem Triebwerk je eine spezielle (weil größere) Ölspritzdüse im Kurbelgehäuse, die den Kolbenboden zur verbesserten Kühlung mit der dreifachen Menge an Spritzöl versorgen.

Der gestiegenen Leistung, die der Vierzylinder fortan ans Getriebe schicken würde, begegnete der Techniker zudem mit einer verstärkten Dragster-Kupplung vom amerikanischen Spezial-Hersteller MRE. Diese qualitativ hochwertige Kupplung wurde zudem noch mit einer weiteren Federscheibe stärker vorgespannt. Überdies kontrollierte Jürgen Besenbeck alle Getriebelager und änderte das Motorgehäuse im Bereich der Ölbohrungen für diese Lagerstellen. Ölbohrungen mit

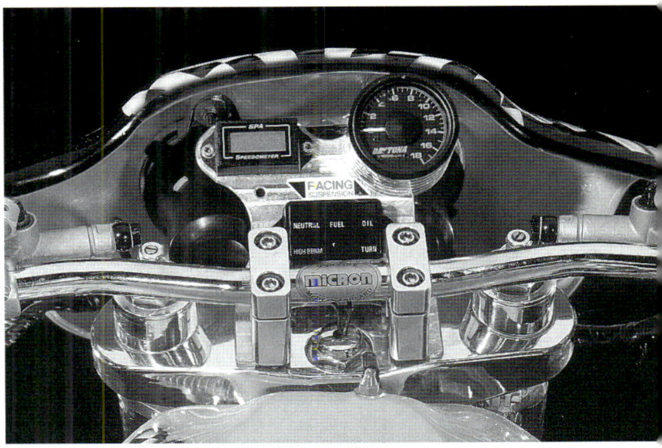

Spartanisch: Digitaler Tachometer und analoger Drehzahlmesser füllen die kleine Frontverkleidung. Mehr Information braucht's ohnehin nicht.

Optisch kaum anders: Von der rechten Seite verrät lediglich der runde Luftfilter die technischen Änderungen am Motor. Experten hingegen sehen auch noch eine dickere Zylinderfuß-Dichtung.

größerem Durchfluß sollen hier den gestiegenen Belastungen Rechnung tragen. Die Doppelölpumpe selbst beließ er hingegen im Urzustand, und so versorgt ein Pumpwerk Kurbelwelle und Getriebe mit einem Öldruck von sechs bar; die zweite Pumpe beliefert hingegen den Zylinderkopf unter fünf bar Druck mit Schmierstoff. Außerdem erhielt der zweite Ölkreislauf eine Abzweigung zur Schmierung des Turboladers. Die Ölrückfuhrung vom Turbolader erfolgt wiederum direkt in den Ölsumpf.

Als Lader wählte Besenbeck in diesem Fall ein für Motorrad-Dimensionen großes Exemplar des amerikanischen Herstellers Rajai. Alternative bietet er aber auch Lader von Garrett, IHI und KKK an. Der Durchmesser am Verdichtereingang liegt bei 38 Millimeter, und versorgt wird die Einheit von einem ebenfalls aus Amerika stammenden S&S-Vergaser mit 44 Millimeter Drosselklappendurchmesser sowie Beschleunigerpumpe. Dieser wird von einer elektrischen Benzinpumpe versorgt, deren Druck zwischen null und 1,5 bar –

Des Guten zuviel? Mag sein, daß die Leichtmetallschwinge auch ohne weiteren Unterzug mit den 200 PS fertig geworden wäre, doch die Show fordert ihren Tribut.

Schön, stabil und wirkungsvoll: Vorderbau der Turbo mit polierter GSX-R-Upside-down-Gabel und Beringer-Sechskolben-Bremsen.

Zuviel des Guten: Zwei Bremszangen am Hinterrad sind klare Anleihen aus dem Dragster-Rennsport und sehen vor allen Dingen beeindruckend aus.

je nach Vergasertyp und Ladedruck – einstellbar ist. Eine Eigenbau-Auspuffanlage, deren bis dato noch offene Endrohre durchs Sitzbankheck münden, rundet das Motorentuning ab.

Jürgen Besenbeck läßt speziell bei Garrett Turbolader mit doppelten Verdichterrädern fertigen, »um«, wie er betont, »bereits bei niedrigen Drehzahlen einen Druckaufbau zu erzielen, was die Leistung im unteren Drehzahlbereich merklich steigert, was wiederum dem Durchzugsvermögen und der Fahrbarkeit eines Turbo-Triebwerks zu Gute kommt.«

Im Falle von Holger Schnells Motors erwägt der Tuner außerdem noch den Einbau einer speziellen Zündanlage vom amerikanischen Dragster-Zulieferer MSD, doch bis Redaktionsschluß arbeitete das Triebwerk mit der Serienzündanlage sowie der erwähnten Korrektur des Zündzeitpunktes. Zur Überwachung des Ladedrucks ist rechts an der Seite ein glyceringedämpftes Ladedruck-Manometer direkt an das Manifold (Verteilerstück vor den Einlaßkanälen) angeschlossen.

Den Ladedruck selbst regelt ein sogenanntes Wastegate, ein Abblasventil. Dieses arbeitet rein mechanisch mit Hilfe eines federbelasteten Druckkolbens, der bei entsprechendem Abgasdruck im Auspuffsystem die Zuleitung zum Lader öffnet. Zur Einstellung des gewünschten Ladedrucks befindet sich auf der Außenseite eine Stellschraube.

Mit 0,7 bar Ladedruck leistet der Big Bike-Motor 200 PS bei 8500/min und verfügt über ein Drehzahlband von 4000 bis 10000 Umdrehungen pro Minute. Maximal sind laut Tuner Besenbeck 1,3 bis 1,4 bar Ladedruck und damit verbunden 280 bis 300 PS realisierbar:»Dies aber nur

Kanalarbeiter: Bearbeitete Brennräume und Kanäle im GSX-R-Zylinderkopf entstanden mit Hilfe hochtouriger Fräs- und Schleifwerkzeuge.

Fluß-Messung: Mit einer Sonde maß Jürgen Besenbeck die Druck- und damit Strömungsverhältnisse nach der Bearbeitung. Die Flowbench ist heutzutage ein unerläßliches Tuning-Instrument.

Spezielles aus dem Dragster-Sport: Die amerikanische MSD-Zündanlage prangte bei Redaktionsschluß zwar bereits unter dem Sitzbankhöcker, doch arbeitete der Motor damals noch mit der modifizierten Serien-Zündanlage.

kurzfristig. Die 200 PS-Version ist hingegen standfest«. Als begleitende Maßnahme wurde der Ölkühler der Serien-GSX-R durch ein Pendant des schwedischen produzenten Setrap ersetzt. Bei gleicher Größe bringt es beträchtliche 30 Prozent mehr Kühlleistung.

Wer sich für Turbo-Triebwerke interessiert, sollte wissen, daß deren Aufbau nicht billig ist. Ein Turbo-Kit des amerikanischen Herstellers Hahn Race-Craft kostet mit Lader, Manifold, Vergaser, Auspuff, Wastegate, Benzinpumpe, Manometer und Kleinteilen gut 8500 Mark. Hinzu kommt die Überarbeitung des Basis-Motors, die im Falle von Holger Schnells Suzuki-Motor weitere 6800 Mark verschlang.

Jürgen Besenbeck bietet einen von ihm zusammengestellten Kit inklusive Bearbeitung des Motors sowie Montage für 11 700 Mark an. Erwähnenswert ist dies deshalb, weil dieser Umbaukit bereits den erwähnten Garrett-Lader mit zwei Verdichterrädern beinhaltet, und außerdem über ein in den Lader integriertes Wastegate verfügt. Letzteres ermöglicht eine wesentlich formschönere Auspuffanlage, da der Abblaskanal ins Abgasendrohr integriert, und das Wastegate nicht separat am Auspuff angebracht ist.

Entgegen den ursprünglichen Planungen ist es bis Redaktionsschluß noch zu keiner TÜV-Abnahme der Big Bike Turbo gekommen, wohl aber fanden die ersten Testfahrten bereits statt. Wie Holger Schnell berichtete »fehlt unten herum noch merklich Leistung«, was eventuell zur Verwendung des beschriebenen Garrett-Laders raten könnte, und außerdem »stimmt's auch fahrwerkstechnisch noch nicht ganz«, ließ Schnell wissen.

Letzteres liegt vor allem an einer zu harten Feder des hinteren Stoßdämpfers, was dazu führt, daß das Hinterrad auf Bodenwellen allzu leicht den Fahrbahnkontakt verliert. Beides will Holger Schnell aber zusammen mit Jürgen Besenbeck noch beheben.

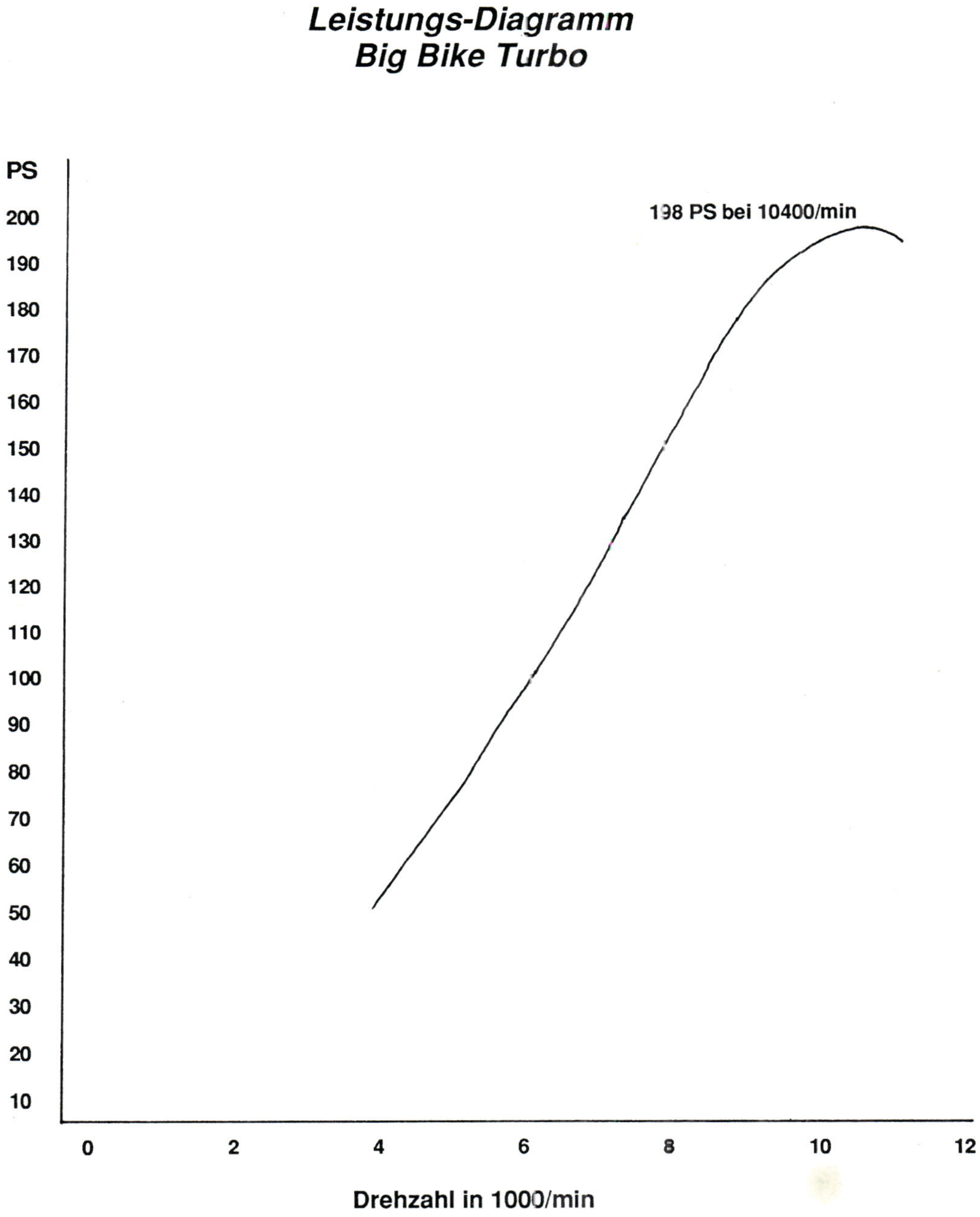

Gewaltig: Stramme 198 PS bei 10400/min erreichte das Turbo-Triebwerk bei ersten Prüfstandsläufen. Wie sich bei den Probefahrten herausstellte, leidet das Durchzugsvermögen unter 5000/min aber noch.

Kernstück des Tunings: Relativ großer Turbolader mit einem Verdichterrad. Für mehr Kraft im Drehzahlkeller wäre ein kleinerer Lader mit zwei Verdichterrädern besser. Garrett liefert derartiges.

Da bläst er: Das sogenannte 'Wastegate' regelt den Ladedruck. Bei Erreichen eines mittels der Stellschraube definierten Drucks öffnet es das Auspuffsystem und entläßt den Abgasstrom vor dem Turbolader ins Freie.

Druck-Sache: Ein glykolgedämpftes Druckmanometer gibt Aufschluß über den Ladedruck. Für 200 PS sind 0,7 bar ausreichend. Bis zu 1,4 bar und damit 300 PS sind aber kurzzeitig möglich.

Pump-Werk: Eine leistungsstärkere Benzinpumpe trägt den gestiegenen Anforderungen des Turbo-Motors Rechnung. Sie ist in ihrer Fördermenge auf den jeweiligen Ladedruck abstimmbar.

Technische Daten Big Bike-Edelbike Dragon-Streetfighter	
Motor:	*Luft-/ölgekühlter Viertakt-Reihenvierzylinder aus Suzuki GSX-R 750, Hubraum 749 cm³, 128 PS*
Fahrwerk:	*Serienrahmen GSX-R 750 mit White Power-Upside-down-Gabel vorne und Formula-Schwinge hinten*
Vorderrad:	*3,5 x 17" von Phoenix mit 120/70-17 Pirelli Dragon MTR 01 Corsa*
Hinterrad:	*6,25 x 17" von Phoenix mit 190/50-17 Pirelli Dragon MTR 02 Corsa*
Radstand:	*1400 mm*
Lenkkopfwinkel:	*66 Grad*
Nachlauf:	*96 mm*
Bremse vorn:	*Zwei Beringer-Sechskolben-Festsattelzangen mit zwei Beringer-Bremsscheiben 310 mm, schwimmend gelagert*
Bremse hinten:	*Eine Brembo Zweikolben-Festsattelzange mit starr montierter 210 mm-Bremsscheibe*
Tankinhalt:	*18 Liter*
Gewicht:	*196 Kilogramm*
Höchstgeschwindigkeit:	*ca. 250 km/h*
Bauzeit:	*8 Wochen*
Baujahr:	*1996*
Baukosten:	*ca. 35000 Mark*
Kontaktadresse:	*Big-Bike Exclusivumbauten Beudweg 6 74923 Hüffenhardt Tel.: 06268/64 18 Fax: 06268/64 69*

Technische Daten Big Bike-Edelbike Turbo	
Motor:	*Luft-/ölgekühlter Viertakt-Reihenvierzylinder aus Suzuki GSX-R 1100, Hubraum 1127 cm³, mit Turbolader von Hahn Race-Craft und 44 mm S&S-Vergaser*
Fahrwerk:	*Moko-Zentralrohrrahmen mit Suzuki-Upside-down-Gabel vorne und Formula-Schwinge hinten*
Vorderrad:	*3,5 x 17″ von GSX-R 750 mit 130/70-17 Pirelli Dragon MTR 01 Corsa*
Hinterrad:	*7,25 x 17″ von Georg Deget auf Basis des Hinterrades von der Honda CBR 900 RR mit 190/50-17 Pirelli Dragon MTR 02 Corsa*
Radstand:	*1440 mm bis 1540 mm variabel*
Lenkkopfwinkel:	*64,5 Grad*
Nachlauf:	*105 mm*
Bremse vorn:	*Zwei Beringer-Sechskolben-Festsattelzangen mit zwei Beringer-Bremsscheiben 310 mm, schwimmend gelagert*
Bremse hinten:	*Zwei Brembo Zweikolben-Festsattelzangen mit starr montierter Bremsscheibe*
Tankinhalt:	*18 Liter*
Gewicht:	*211 Kilogramm*
Höchstgeschwindigkeit:	*geschätzte 270 bis 290 km/h*
Bauzeit:	*2,5 Jahre*
Baujahr:	*1997*
Baukosten:	*über 50000 Mark ohne Arbeitszeit*
Kontaktadresse:	*Big-Bike Exclusivumbauten Baudweg 6 74923 Hüffenhardt Tel.: 06268/64 18 Fax: 06268/64 69*

Gestern Sportler, heute Streetfighter: Jochen Roth

Nehme Rahmen und Design einer alten Z-Kawasaki, implantiere das bärenstarke Triebwerk einer Suzuki GSX-R 1100 und interpretiere das ganze Thema Streetfighter-gerecht. So verfuhr – in kurzen Zügen – Jochen Roth aus Ulm beim Bau seines ganz persönlichen Naked-Bikes.

Die Wahrheit über Kawasuzi

Jochen Roth begann seine Karriere zum Edelbiker wie so viele andere auch: Er frisierte sein Mofa. Inzwischen sind seine Kreationen deutlich anspruchsvoller und aufwendiger. Und wesentlich TÜV-konformer.

Der Schwabe Roth, geboren am 1. Juni 1966 im schwäbischen Ulm, kam nach Maurer- und Schlosserlehre in den Sog der Edelbike-Faszination. Zunächst konnte er einmal auf die Erfahrungen mit einem Kreidler Flory sowie einer Hercules RC 50 bauen. Letztere versah er nämlich mit dem 125er Motor eines Bundeswehr-Meldekrads, was 130 km/h Endgeschwindigkeit, aber auch den Unmut der Polizei nach sich zog. Mit 18 begann dann seine Karriere auf »richtigen« Motorrädern. Einer Kawasaki SR 650 folgte eine Z 900, wenig später dann ein kurzer Abstecher ins Supersport-Segment mit einer Yamaha FZ 750 Genesis. Richtig zur Sache ging es leistungsmäßig dann auf einer Suzuki GSX-R 1100, sowie einer Honda CBR 900 RR Fireblade. Letztere besitzt und fährt er auch heute noch. Und zwischendurch bewegte er – und das ist ein weiteres klares Indiz für seine Kawasaki-Leidenschaft – eine Kawasaki SR 1000 mit Kardanantrieb.

»Nebenbei habe ich im Laufe der Jahre natürlich viel an den Motorrädern geschraubt und gebastelt. Außerdem befaßte ich mich eine Zeit lang mit der Veredelung und Restaurierung von Pkw. Vornehmlich Mercedes SL-Typen. Da keimte schließlich die Lust auf, ein ganz eigenes Motorrad zu bauen«, verrät der heutige Reifen- und KFZ-Händler Jochen Roth.

»Da mir die alten Z-Modelle von Kawasaki schon immer gut gefielen, wollte ich natürlich am liebsten eine Z 900, aber eben mit gutem Fahrwerk und deutlich mehr als den serienmäßigen 82 PS haben«, erklärt Roth den Ausgangspunkt für sein Edelbike-Projekt. »Aus Erfahrung gut«, bewertete er den luft-/ölgekühlten

Selbstbauer aus Leidenschaft: Jochen Roth aus Ulm kreierte sich seinen ganz persönlichen Streetfighter. Mit Kawasaki-Optik und Suzuki-Herz.

Sitzprobe, die Erste: Was kommt besser? Eine aufrechte und bequeme Haltung?

Sitzprobe, die Zweite: Oder doch lieber sportlich geduckt?

Antrieb der Suzuki GSX-R 1100 als geeignete Kraftquelle für sein Projekt, der sich aufgrund der feinen Zylinderverrippung zudem auch optisch gut im Kawasaki-Chassis machen würde. Einen alten Kawasaki-Rahmen einer Z 1000 A2 wählte er, »weil der am wenigsten schlecht im Hinblick auf das Fahrverhalten« war, wie er befand. Motor und Rahmen wollte er freilich mit modernen Zutaten wie aktuelle Federelemente, Bremsen und Reifen garnieren. Und: Es mußte ein Streetfighter werden, der in der Region Ulm völlig einzigartig ist. »Mir gefällt einfach diese brachiale Optik mit kurzem Heck, breitem Lenker und dickem Hinterrad«, gab er zu.

Zunächst erstand er dafür auf dem Gebrauchtmarkt eine Suzuki GSX-R 1100 ohne Verkleidung für 8000.– Mark sowie einen Z 1000 A2-Rahmen für 350.– Mark. Ziel war es freilich, die wesentlichen Baugruppen der Suzuki wie Gabel, Räder, Bremsen, Motor und Elektrik in den A2-Rahmen zu übernehmen, was sich in der Folge aber als kein leichtes Unterfangen herausstellte.

So erhielt beispielsweise die untere Seriengabelbrücke ein neues Lenkschaftrohr, das in der Länge dem Kawasaki-Lenkkopf angepaßt wurde. Die obere Gabelbrücke stammt hingegen vom Spezialisten Spiegler und ebenso die Aufnahmen für den Leichtmetall-Superbike-Lenker (Dragbar), den er bei Zubehörlieferant Hagen erwarb. Neue, zur Suzuki-Gabel passende Lenkanschläge schweißte er an den Steuerkopf und montierte außerdem hoch-

Bauarbeiten: Upside-down-Telegabel und Vorderrad von der Suzuki GSX-R 1100 ('92) ersetzten die schwachen Kawasaki-Teile.

wertige Lager des Spezialisten Emil Schwarz.

Außerdem übernahm er Vorder- und Hinterrad komplett von der Suzuki, ließ das rollende Gut aber zunächst glasperlenstrahlen, bevor er es mit 1000er-Sandpapier schliff und später auf Hochglanz polierte.

Bei der Bremsanlage kamen vorne zwei schwimmend gelagerte 320 Millimeter-Bremsscheiben von Spiegler sowie die beiden serienmäßigen Nissin-Vierkolben-Festsättel aus der GSX-R 1100 zum Einsatz. Hinten dagegen beließ es der Tüftler bei der Serienbremse der Suzuki. Ebenso serienmäßig beließ er die beiden zuständigen Hauptbremszylinder. Von Spiegler wiederum stammten die mit strapazierfähigem Kunststoffschlauch ummantelten Stahlflex-Bremsleitungen.

Nur aus optischen Gründen, und weil der hintere Bremssattel direkt und ohne Zugstrebe an der Schwinge montiert ist, fiel Roths Wahl bei der Hinterradführung auf Schwinge, Federbein und Umlenkhebelei der Suzuki GSX-R 1100 W. Deren Exemplar verfügt nämlich über einen rechten Schwingenholm, der aus Blechprofilen verschweißt ist und damit später in hochglanzpoliertem Zustand deutlich mehr hermachen konnte.

Da die serienmäßige Schwingenlagerung im Kawasaki A2-Rahmen erstens etwas unterdimensioniert schien und zweitens für die Suzuki-Schwinge ohnehin nicht paßte, konstruierte der gelernte Schlosser hierfür eine sehr hochwertige Lösung. Dazu bohrte er die alten Lagersitze im Rahmen aus, schuf Platz für größere Lagersitze und verschweißte die gedrehten Stahlexemplare nach exaktem vorherigem Ausdistanzieren bei eingebauter Schwinge. Dies garantierte, daß später die End-Montage der Schwinge ohne zusätzliche Distanzscheiben in exakter Weise erfolgen konnte.

Die Instrumente wiederum ersetzte Jochen Roth durch ein digitales Info-

Und nochmal Suzuki: Auch Zentralfederbein und Schwinge stammen von einer 1100er Suzuki (1100 W). Das Federbein wurde an einem eingeschweißten Mittelrohr montiert.

Center, das neben der Fahrgeschwindigkeit auch über andere Daten wie etwa Motordrehzahl, Öltemperatur, Beleuchtungsfunktionen sowie Beschleunigungszeit von Null auf 100 km/h berichtete.

Doch zurück zur Hinterradführung. Das hintere Federbein aus der GSX-R 1100 W ist wie die Gabel in Federvorspannung sowie Dämpfer-Zug- und Druckstufe einstellbar, was die späteren Abstimmungsarbeiten sehr vereinfachen sollte. Für die Umrüstung von vormals zwei direkt ange-

Ein Streetfighter mit ausgesprochenen Fahrqualitäten: Lediglich eine veränderte Optik genügte Jochen Roth beim Bau seiner Z-Kawasaki mit Suzuki-Motor keinesfalls. Die fahrwerksseitige Nutzbarkeit der drastisch gesteigerten Motorleistung war ihm mindestens ebenso wichtig.

lenkten Federbeinen auf dieses Zentralfederbein mußte der Rahmen freilich umfangreich geändert werden. Die ursprünglichen Stoßdämpferaufnahmen wurden entfernt und fielen ohnehin deshalb schon weg, weil Roth das Rahmenheck direkt hinter dem schräg verlaufenden Seitenzug des Rahmens kappte und später komplett neu baute. Zur Aufnahme des oberen Auges des Zentralfederbeines wurde vom gelernten Schlosser, der übrigens über sämtliche dafür notwendigen Schweißbriefe im KFZ-Bereich verfügt, ein Querrohr in entsprechender Höhe in den Rahmen eingeschweißt. An dieser Stelle eine Warnung: Diese Arbeiten gehören ohne Wenn und Aber in die Hände von Fachleuten – und diese wissen sehr genau, worauf es ankommt. An dem so eingeschweißten Rohr sitzt mittig eine zehn Millimeter dicke Aufnahmeplatte für den serienmäßigen Aufnahmebock des Federbeines aus Aluminium. Dieser wurde dann mit selbstsichernden Muttern über in die Aufnahmeplatte eingeschweißte Stehbolzen (M 8) verschraubt. Die Aufnahme des Anlenkpunktes für die Hebelumlenkung erfolgte wiederum am unteren Rahmenquerrohr, wo normalerweise die beiden Laschen für den Hauptständer angebracht sind. Diese wurden entfernt und auf das Querrohr ein weiteres halbiertes Rohr über die gesamte Breite zur Vergrößerung der die Kräfte übertragenden Fläche geschweißt. Auf dieses »Ovalrohr« schweißte Roth dann die beiden Aufnahmen für die Lagerung der Steckachse für die Umlenkhebelei. Selbstredend vermaß er vorher die Aufnahmepunkte am ursprünglichen GSX-R-Fahrwerk, um die Kennlinien hinsichtlich Progression für Feder- und Dämpferkräfte übernehmen zu können. Von Experimenten auf diesem Gebiet in Form der Modifikation der Anlenkpunkte

Das paßt: Weitere Anpassungen von Suzuki-Hinterrad, -Schwinge und geänderter Schwingenlagerung. Letztere wurde mittels einer eingeschweißten Spindelbuchse verbessert. Dafür wurde der ehemalige Rollenlagersitz im Rahmen ausgebohrt, erweitert und für das Einschweißen der größeren Lagerbuchse vorbereitet.

möchte ich an dieser Stelle ausdrücklich abraten. In der Regel verschlechtert sich das Ansprechverhalten und die Arbeitsweise der Federung dadurch nur.

Ziel beim Einbau des Motors war es hingegen, die serienmäßigen, geschraubten

Erst denken, dann umlenken: Für die Aufnahme der Umlenkhebelei wurde das untere Rahmenquerrohr verstärkt und zwei Halterungen angeschweißt. Wichtig: Die Original-Anlenkpunkte der Serien-GSX-R wurden kopiert.

Wie ist's richtig? Die provisorische Einbaulage des Motors wurde zunächst mittels Halteplatten aus drei Millimeter starkem Duraluminiumblech ermittelt. Diese Platten dienten dann als Vorlage für die gefrästen Exemplare aus sechs Millimeter starkem Edelstahl.

Aufnahmepunkte des Kawasaki-Chassis zu übernehmen. Diese befinden sich einmal vorne an den nach unten verlaufenden Rahmenunterzügen links beziehungsweise rechts am Motorblock sowie hinten am Motorgehäuse, das dort über zwei Steckachsen fixiert ist. Außerdem ist das alte Kawasaki-Triebwerk etwa in der Mitte des unterhalb des Motors verlaufenden Rahmenrohres links und rechts zusätzlich verschraubt.

Wie sich rasch herausstellte, paßte das Triebwerk der 1100er Suzuki quasi »saugend« in den Kawasaki-Rahmen. Beim Einbau mußte jedoch aus Platzgründen der Ventildeckel demontiert werden.

Nachdem die korrekte und harmonische Einbaulage des Motors auch hinsichtlich der Kettenflucht von Kettenblatt und Ritzel ermittelt war, ging es an die Herstellung neuer, präziser Halteplatten, um das Triebwerk mit dem Rahmen zu verbinden.

Diese wurden zunächst provisorisch aus drei Millimeter starkem Duraluminium gefertigt, dienten jedoch lediglich als Vorlage für die später aus hochwertigem, sechs Millimeter dickem V2A-Edelstahl in CNC-Technik gefrästen Exemplare. »Aus optischen Gründen versah ich die polierten Halterungen jeweils mit um 45 Grad geneigt angeordneten Schlitzen«, erklärt Jochen Roth.

Im nächsten Arbeitsschritt erfolgte die Montage der serienmäßigen Suzuki-Vergaserbatterie, bestehend aus vier 40 Millimeter großen Gleichdruck-Einheiten. »Der Anbau der Vergaser selbst war überhaupt kein Problem, doch wo sollte ich nun den Luftfilterkasten dafür unterbringen«, fragte sich Roth anhand der beengten Platzverhältnisse im Rahmen.

Doch der kreative Tüftler fand auch diesmal eine gute Lösung. Zunächst kaufte er sich zwei K&N-Doppelluftfilter für die jeweils beiden linken und rechten Vergaser. »Doch auch die ließen sich nicht ohne Nacharbeit montieren. Also halbierte ich

Heck weg: das ursprüngliche Rohrrahmenheck wurde durch einen aufwendig gefertigten Aluminium-Blechkasten ersetzt, der neben Versteifungsaufgaben überdies auch eine Schutzfunktion vor Spritzwasser und Schmutz übernimmt.

Heiße Lösung: Die Auspuffanlage besteht aus einer 2-in-1-Krümmerführung für die jeweils beiden linken und rechten Zylinder. Diese münden dann in zwei separate Kohlefaser-Schalldämpfer. Hier im Bild fehlt noch das Verbindungsstück zwischen Sammler und Endrohr.

sie einfach. Allerdings sahen sie jetzt richtig schlecht und zusammengebastelt aus, und somit gab es erneut ein Problem zu lösen«, erzählt Roth von dieser Prozedur.

Deshalb fragte er einen Freund um Rat. Dieser besorgte für 800 Mark schließlich einen mächtigen, massiven Aluminiumblock, aus dem auf einer CNC-Maschine schließlich ein kunstvoller Luftfilterkasten zur Ummantelung der beiden K&N-Filter entstand.

»Komm' mir bitte nie wieder mit so einer Aufgabe«, sagte Roths Freund, nachdem er diesen anspruchsvollen Bearbeitungsvorgang erledigt hatte. Dieser saß nämlich abends nach Feierabend allein neun Stunden vor der Maschine, um das Steuerprogramm für diese außergewöhnliche Fräs- und Dreharbeit zu schreiben.

Keine Experimente: Bei den Fußrasten vertraute Jochen Roth auf bewährte Schmiede-Bauteile des Zubehörherstellers ABM.

Muster-Lösung: Die komplette Auspuffanlage ist aus ST 35-Stahlrohr gefertigt und diente als Muster-Vorlage eines in einem Fachbetrieb nachgebauten Edelstahl-Exemplars, das alleine mit 4500 Mark zu Buche schlug. Beachtenswert sind die aufwendig aus Aluminium-Vollmaterial gefertigten Auspuffhalterungen.

Reifenhändler Roth revanchierte sich für diesen Freundschaftsdienst dafür aber auch mit einem kostenlosen Satz Pneus für dessen Motorrad. Das ist eben Lebenshilfe unter Edelbikern.

Warm-Up: Eine Zweipersonen-Zulassung strebte Jochen Roth von vorne herein nicht an. Deshalb fiel die Sitzfläche auch kürzer und die Lage der Endschalldämpfer etwas steiler aus.

Dann stand Roth vor dem Elektrik-Problem. Die beiden Zündspulen etwa plazierte er unterhalb des Tanks an den beiden Rahmenoberzügen, wobei die Halterungen für die Spulen gleichzeitig auch als Aufnahmen für die Gummipuffer der Tankhalterungen dienten. Auch hier ließen sich entsprechende Schweißarbeiten natürlich nicht vermeiden.

Nächster Schritt war es, für die Batterie einen geeigneten Platz zu finden. Sie landete schließlich im Rahmendreieck, das mittels einer Frontplatte zum Motor hin sowie einer Bodenplatte über dem Federbein zu einer Art Kasten ausgebaut wurde. Hierin fanden überdies auch sämtliche Relais, der Regler sowie der Ausgleichsbehälter fürs hintere Federbein eine neue Heimat. Ansonsten verlegte Roth den serienmäßigen Kabelbaum der GSX-R 1100, und auch die Bedienarmaturen an den Lenkerenden übernahm er von der Japanerin.

In der nächsten Stufe wurde der Tank angepaßt. Dazu mußte zunächst einmal der Benzinhahn von links hinten nach links vorne versetzt werden, denn dieser lag auf einem der Vergaserdeckel auf. Wie auch beim nachträglich eingesetzten Fliegertankverschluß erfolgten diese dafür notwendigen Schweißvorgänge, nachdem der Tank zuvor mit flüssigem Stickstoff gefüllt wurde.

Dies ist eine bei gebrauchten Tanks unbedingt notwendige Sicherheitsvorkehrung, bevor es ans Schweißen geht. Verzichtet man hierauf, kommt es in der Regel zu einer mehr oder weniger heftigen Verpuffung – und das nicht ohne erhebliche Verletzungsgefahr!

Das Rahmendreieck, das hinter den alten Stoßdämpferaufnahmen gekappt wurde, erhielt einen neu aus Stahlrohr gefertigten Abschlußbügel, der in die Rohrstümpfe des Hauptrahmens eingeschoben und anschließend verschweißt wurde. An diesen Rohrbügel wurden auch die Halterungen für den noch zu fertigenden Innenkotflügel angeschweißt.

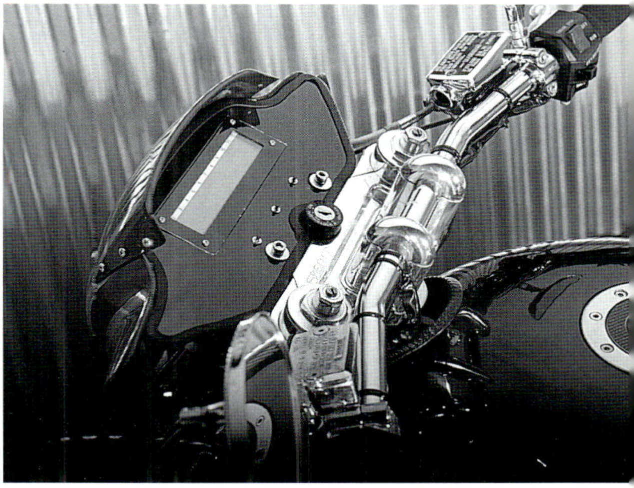

Zur Information, bitte: Anstelle üblicher Analaog-Uhren integrierte Jochen Roth ein digitales Info-Center – glattflächig, schnörkellos und funktionell.

Schau mir in die Augen, Kleines: In fertig lackiertem Zustand zeigt sich, ob ein GfK-Bauteil wie diese Lenkerverkleidung sauber gefertigt und vorbereitet wurde. Hier ist's beispielhaft.

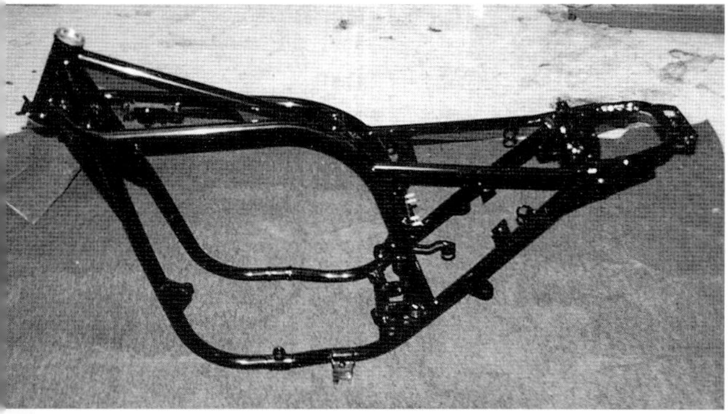

Besser als neu: Der im Bereich von Schwingenlagerung, Rahmenheck und diversen Haltern geänderte Rahmen einer Kawasaki Z 1000 A2 kam nach dem Sandstrahlen zu einem Fachbetrieb für Pulverbeschichtungen. Kostenpunkt für diesen dauerhaften Schutz: Etwa 300 Mark.

Der Radkasten, der den serienmäßigen Innenkotflügel ersetzen sollte, entstand komplett aus Aluminiumblech. Zunächst fertigte Roth dafür eine Schablone aus Pappkarton, und später schnitt er die einzelnen zu verschweißenden Blechsegmente anhand dieser Schablone nach. »Allein dieser Radkasten hat mich über vier Wochen lang beschäftigt«, erinnert er sich. So wurde der Innenkotflügel denn auch nicht lediglich nur »halbwegs passend« in den Rahmen eingeschraubt, sondern so exakt gefertigt, daß mittels eines umlaufenden Keders sogar eine wirksame Abdichtung zu den Rahmenrohren hin erfolgen konnte.

Im hinteren Bereich des Radkastens schweißte Roth überdies einen mit dem Heckbürzel exakt abschließenden Alukasten auf, in welchem das Rücklicht untergebracht wurde. Zudem schweißte er auch gleich die Haltetafel für das Nummernschild an. »Dadurch erhielt ich überdies auch einen sehr steifen Radkasten, der sich zudem mit nur acht Schrauben am Rahmen festhält und bei Bedarf somit extrem einfach demontiert werden kann«, ergänzt Roth hierzu.

Aufgrund des gekürzten Hinterteils mußte freilich auch der Kawasaki-Heckbürzel gekürzt werden. Entsprechend waren deshalb auch hierfür wieder neue Halterungen am Rahmen fällig.

Neue Befestigungen zogen auch die nunmehr tiefer plazierten Seitendeckel nach sich. Ebenfalls aufgrund des gekürzten Hecks mußte auch die Giuliari-Sitzbank Änderungen über sich ergehen lassen. Deren Blechgrundplatte wurde halbiert, und der Klappmechanismus wich einer neuen Befestigung mit zwei Einschublaschen hinten sowie einer von unten zugänglichen Flügelmutter am vorderen Ende der Sitzbank.

Erneut freundschaftliche Hilfe nahm Roth bei deren Polsterung und Bezug in Anspruch. Ein Auto-Sattler in Ulm polsterte mit Schaumstoff und überzog mit schwarzem Echtleder. Die passende Sitzhaltung, was die Beine des Fahrers anbelangt, fand Roth in Form einer ABM-Fuß-

Im Sidolin-Test: Die allerersten, richtungsweisenden Testfahrten unternahm Jochen Roth mit einer Sidolin-Flasche als Tank. Dies konnte unter TüV-Gesichtspunkten freilich nicht der letzte Stand bleiben.

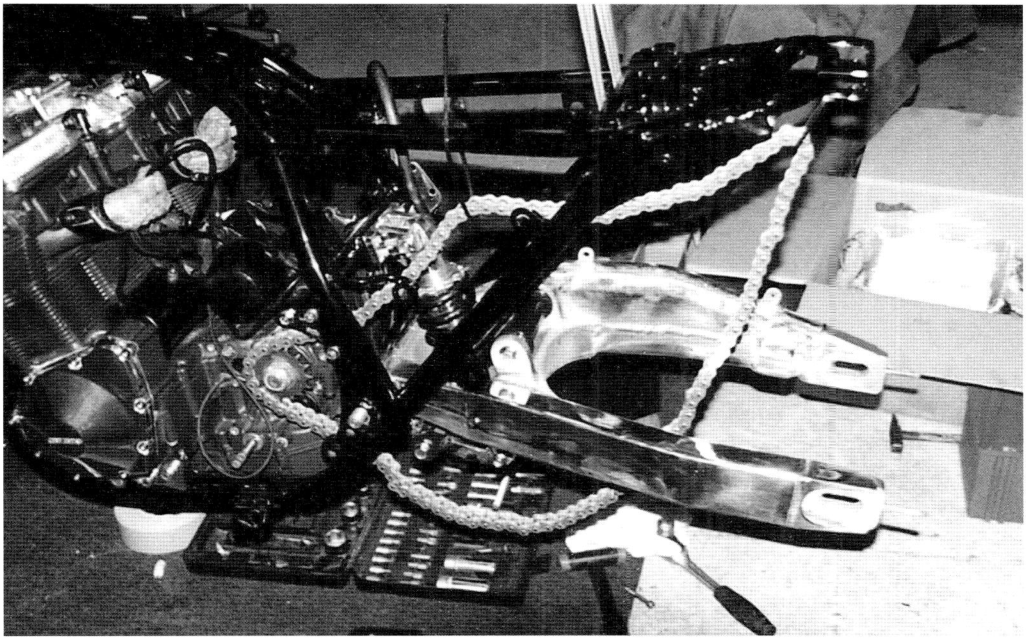

Distanz wahren: Der Einbau der Suzuki-Schwinge gestaltete sich äußerst einfach, da die beiden neuen Lager beim Einschweißen der Buchsen bereits vordistanziert wurden. Dies vermied späteres Ausgleichen mit Distanzscheiben.

rastenanlage – natürlich mit selbstgefräster Halteplatte.

»Zunächst wollte ich dann eine Schüle 4-in-2-in-1-Auspuffanlage montieren, da diese in punkto Abstimmung besonders gut mit dem 1100er Motor der Suzuki harmoniert. Für 1500 Mark habe ich dann auch eine gekauft, beim Anbau aber festgestellt, daß die Krümmer viel zu lang sind und auf dem Boden streifen, und daß aufgrund des nun viel aufrechter im Rahmen stehenden Motors eine Eigenkonstruktion unumgänglich war«, erzählt der Erbauer den Beginn des Auspuff-Kapitels.

Aufgrund des chronischen Platzmangels unter dem Motor fiel die Konstruktion schließlich zugunsten einer 4-in-2-Anlage aus. Hierfür fertigte er aus einer CBR 900 RR-Auspuffanlage eine eigene Krümmerführung, die jeweils das linke und rechte Zylinderpaar separat in Endrohre zusammenführt. Die Schalldämpfer fand Jochen Roth hinwieder auf dem Harley-Davidson-Zubehörmarkt. Lediglich die Halterungen dafür mußten noch speziell angefertigt werden. Auch hier half wieder der Freund mit der CNC-Maschine. Eine aufwendige

Brückenschlag: der weitere Aufbau der Maschine setzte sich bei den Gabelbrücken fort, die unten von der Serien-GSX-R und oben von Spiegler stammen. Die Lenkkopflagerung lieferte Fachbetrieb Emil Schwarz.

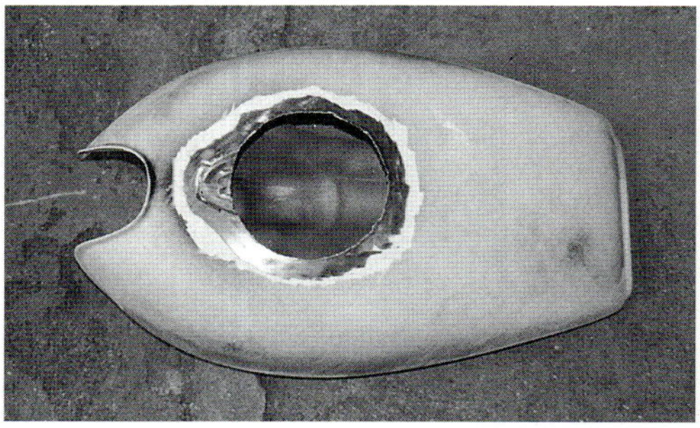

Tank-Revision: Der Tank einer Kawasaki Z 900 fand hinsichtlich Form und Größe den Zuspruch des Edelbikers, jedoch sah er den Tankverschluß als änderungswürdig an. Mit einem Laser-Plasma-Schneidgerät wurde deshalb zunächst eine große Öffnung für den späteren Fliegertankverschluß geschaffen. Wichtig bei Schweißarbeiten am Tank: Vorher mit Stickstoff füllen – sonst knallt's!

Halterung mit zwei Gelenken erlaubt nun die stufenlose Einstellung des Neigungswinkels der beiden Endtöpfe aus Kohlefaser. Selbstredend wurde auch dieser Mechanismus wieder aus Aluminium-Vollmaterial gefertigt.

Nachdem zahlreiche Fahrversuche schließlich die Richtigkeit der Konstruktion belegt hatten, holte sich Jochen Roth bei diversen Auspuff-Fertigungsbetrieben Kostenvoranschläge für einen entsprechenden Edelstahl-Nachbau dieser Anlage ein. »Das Ergebnis war unter Berücksichtigung meines Bankkontos aber mehr als ernüchternd. Die Preise schwankten zwischen 8000 und 12000 Mark. Glücklicherweise fand ich aber doch noch eine Firma –

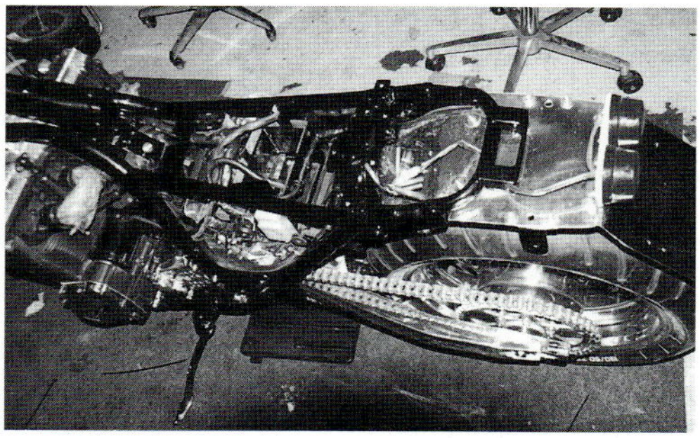

Fluchten-Flitzer: Der Einbau des 190er Pirelli-Reifens auf einer 5,5 Zoll breiten Felge erforderte die Nachjustierung der Kettenflucht mittels Aluminium-Distanzhülsen für den Kettenradträger.

Saubere Arbeit: Die Oberfläche des fertigen und lackierten Tanks stört nun kein aufragender Tankverschluß mehr. Die Kombination aus »barocker« Tankform und modernem Fliegertankverschluß ist interessant – und funktioniert einwandfrei.

Rudolf Fuchs in Greilling –, die mit 4500 Mark noch einigermaßen fair blieb«, berichtet der Edelbiker. Selbstverständlich waren darin die umfangreichen Abstimmungsarbeiten auf dem Motorenprüfstand enthalten.

Last but not least machte sich Jochen Roth noch Gedanken ums Design. Heraus kam schließlich die Idee, Streetfighter-gerecht eine winzige Lampenverkleidung zu bauen.

Als Basis für das zunächst zu entwickelnde Ur-Modell diente der Lampenschirm eines Aprilia-Rollers, der aber mannigfaltige Änderungen in Form von aufgebrachtem Glasfaserlaminat sowie reichlich Spachtelmasse ertragen mußte. Nach und nach gedieh so das Modell der Lenkerverkleidung unter heftigen Schleifarbeiten. Als Beleuchtungseinrichtung wählte Roth kleine Aprilia-Scheinwerfer, deren Öffnungen ebenfalls im Modell Berücksichtigung

Integrations-Figur: Der Motor der Suzuki GSX-R 1100 fügt sich in den alten Kawasaki-Rahmen ein, als habe er nie ein anderes Zuhause gehabt.

Filmreif: Sollte jemals wieder ein »Mad Max«-Film gedreht werden – die Maschine von Jochen Roth sollte darin eigentlich eine Rolle spielen.

In die Vollen: Harmonisch und völlig unspektakulär fügt sich der aus Aluminium-Vollmaterial gefräste Luftfilterkasten ein. Kaum jemand würde glauben, daß er eines der aufwendigsten Bauteile an diesem Motorrad ist.

fanden. Nach Fertigstellung des Modells wurde in hinlänglich bekannter Manier eine Negativform aus Glasfaserlaminat unter Verwendung von Epoxydharz gefertigt. In dieser entstand wiederum das letztendliche Formteil – ebenfalls aus Glasfaser mit Epoxydharz.

Den allerletzten Arbeitsgang, die Lackierung des edlen Stückes, überließ Jochen Roth hingegen ganz und gar einem Profi dieses Fachs.

Die Autolackiererei Brenner in Heidenheim beriet ihn zunächst, was die Auswahl der Farbgebung anging, und sogar die

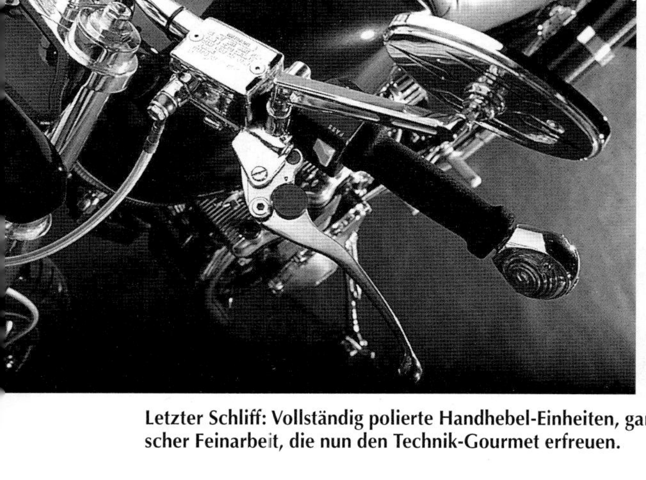

Letzter Schliff: Vollständig polierte Handhebel-Einheiten, garniert mit kleinen Eloxal-Details, verbuchen wir unter optischer Feinarbeit, die nun den Technik-Gourmet erfreuen.

Gut gefiltert: Kurz vor der endgültigen Fertigstellung erfolgte noch die Montage der K&N-Luftfilter, die, gekürzt, in ein aus dem Vollen gefrästes Aluminium-Gehäuse integriert wurden.

Idee, Elemente eines Fliegen-Körpers im Airbrush-Design aufzulackieren, lieferte diese Firma.

Nach den vor dem Lackieren üblichen Spachtel- und Grundierungsarbeiten folgten umfangreiche Spritzpistolenstunden, um etwa Lenkerverkleidung, Tank, Kotflügel, Bürzel und Seitendeckel sowie Teilbereiche von Schwinge und Federbein mit Airbrusharbeiten zu verzieren. So findet sich etwa auf der Verkleidung der Kopf der Fliege, auf dem Kotflügel darunter deren Gebiß, am Tank prangen die Flügel des Insekts sowie auf dem Bürzel das Hinterteil des Tieres. Passend zu diesem animalischen Design lackierte Brenner sogar den Helm des Fahrers. Am rechten Schwingenholm sowie am Dämpferkörper des Zentralfederbeins brachte der Lackspezialist schließlich per Airbrush imitiertes Kohlefaser-Design auf.

Schlußendlich ließ sich als Krönung dieser Arbeit sogar der TÜV-Ingenieur von diesem »tierischen« Projekt überzeugen, befand die ausgeführten Arbeiten für technisch einwandfrei und gewährte so den angestrebten und verdienten amtlichen TÜV-Segen.

Schön und gut: Der polierte Suzuki-Vorderbau besticht mit makelloser Oberflächengüte und – noch wichtiger – mit stark verbesserter Funktion. »An die alten Bremsen und die Labber-Gabel mag ich heute gar nicht mehr denken«, kommentiert Jochen Roth.

Technische Daten Roth-Edelbike	
Motor:	*Luft-/Ölgekühlter Viertakt-Vierzylinder aus Suzuki GSX-R 1100, 1127 cm³, 138 PS, Serien-Vergaser, selbstgefertigte Airbox und Auspuffanlage*
Fahrwerk:	*Rahmen von Kawasaki Z 1000 A2, Gabel von Suzuki GSX-R 1100, Schwinge und Federbein von Suzuki GSX-R 1100 W*
Vorderrad:	*GSX-R 1100, 3,5 x 17" mit Pirelli Dragon MTR 01 in 120/70 ZR 17*
Hinterrad:	*GSX-R 1100, 5,5 x 17" mit Pirelli Dragon MTR 02 in 190/50 ZR 17*
Radstand:	*1580 mm*
Lenkkopfwinkel:	*65 Grad*
Nachlauf:	*99 mm*
Bremse vorn:	*Zwei Nissin-Vierkolben-Festsättel mit je einer 320 mm-Bremsscheibe von Spiegler*
Bremse hinten:	*Original-Bremsanlage Suzuki GSX-R 1100 W*
Tankinhalt:	*13 Liter*
Gewicht:	*225 Kilogramm (v/h: 55/45 %)*
Höchstgeschwindigkeit:	*248 km/h (sitzend)*
Bauzeit:	*3 Jahre*
Baujahr:	*1997*
Baukosten:	*ca. 50000 Mark*
Kontaktadresse:	*Reifen-Roth Riedwiesenweg 16 89081 Ulm Tel.: 0731/38 68 66 Fax: 0731/38 68 61*

Sportmaschinen in Vollendung: Roland Eckert

Japaner und Hohenloher können gewisse verwandtschaftliche Merkmale nicht leugnen: Die Asiaten kommen mit ihren Schlitzaugen zur Welt, die Hohenloher bekommen dafür die Schlitzohrigkeit in die Wiege gelegt. Und von der Gewieftheit eines Hohenlohers können die Japaner – und auch das tun sie ja bekanntlich gerne – ein Lied singen.

Perfektion Ehrensache

Mit technisch meisterlichen Innovationen prägte Roland Eckert aus dem hohenloheschen Belzhag den Viertakt-Straßenrennsport in Deutschland, düpierte so manches Mal die Werksteams in der Langstrecken-WM und bot anspruchsvollen Straßenfahrern sogar waschechte Ableger seiner Rennmaschinen mit Zulassung an.

Man schrieb das Jahr 1980. Die Langstrecken-WM ist fest in der Hand von Werksteams. Die ganze? Nein. Ein kleines

Der Sieger-Typ: Mit der Honda RCB 1000 kehrte Honda 1976 werksseitig offiziell zum Rennsport zurück, und Roland Eckert war der Einzige, der die Langstrecken-Rennmaschine unter deutscher Flagge einsetzen durfte. Dies ist nur ein Beispiel für das Qualitätsniveau, die Eckerts Unternehmungen stets hatten und heute noch haben. Mit Halbgarem gibt sich der Honda-Spezialist nicht zufrieden – und das gilt auch für Edelbikes.

Eckert als Erdarbeiter: Mit der NSU Gelände-Max von Erwin Schmider machte sich Roland Eckert Mitte der 60er Jahre abseits geteerter Pisten einen Namen.

Fremdgänger: Mit der Yamaha TD 2 war der überzeugte Honda-Mann Roland Eckert 1977 sogar im Junioren-Pokal unterwegs. »Mein Herz gehörte aber immer schon den Viertaktern«, wie er sagt.

deutsches Team leistet mit pfiffigen Ideen erbitterten Widerstand. So etwa hätten die Asterix-Autoren Uderzo und Goscinny wahrscheinlich ihre Abhandlung über die damalige Situation eingeleitet. Bei einem Lauf zur erstmals ausgetragenen Endurance-WM für Langstrecken-Rennmaschinen mit Viertaktmotoren bis 1000 und Zweitaktern bis 750 cm³ Hubraum zeigte der Vierzylinder-Papst Roland Eckert aus Belzhag in der Nähe von Schwäbisch Hall den übermächtigen japanischen Werksteams, wie schnell ein Tankstop inklusive Wechsel des Vorder- und Hinterrades passieren kann: 58 Sekunden! Ein heute noch guter, damals jedoch konkurrenzloser Wert. Die Spezial-Gabel mit den schwenkbaren Bremssätteln sowie pfiffige Details am Hinterrad samt Bremse ermöglichte diesen enormen Zeitvorteil. Beim japanischen WM-Lauf legten japanische Ingenieure sogar Kameras unter das Motorrad, um die genialen Lösungen abzulichten.

Daß sich die technischen Meisterstücke fortan nicht mehr auf die Eckert-Honda beschränkten, sondern sich bei den konkurrierenden Werksteams in der Langstrecken-WM durchsetzten, leuchtet ein. Wie diese kleine Episode zeigt, wußte es Roland Eckert wieder einmal besser. »Vorsprung durch Technik« heißt auch heute noch die Devise des auf den ersten Blick eher wortkargen Herrn.

In seinem Unternehmen, das sich in eine Honda-Vertretung und einen Maschinenbau-Betrieb für die Fertigung von Präzisionsteilen aufgliedert, entstanden seit der Gründung 1971 schnelle Viertakt-Vierzylinder auf Honda-Basis für Straße und Rennsport gleichermaßen.

»Der Chef«, wie ihn seine Mitarbeiter nennen, legte an nahezu allen vierzylindrigen Honda-Konstruktionen seine geschickte Hand an. 1971, als man ganz klein in einem alten Backhaus und einer Garage anfing, tüftelte Eckert zunächst an den Fahrwerksmängeln der CB 750 und merzte diese gründlichst aus. Daneben verpaßte er dem

Das erste Rennmotorrad – das erste Edelbike: Eine stark überarbeitete Honda CB 750 mit verstärktem Originalrahmen war die erste Eckert-Langstrecken-Honda. »Der Chef« testete wie hier öfters auf Landstraßen.

Triebwerk 970 Kubikzentimeter und damit etwa 80 PS Leistung. Die klangvollen Vier-in-Vier-Auspuffanlage, die in Ton und Aussehen den MV Agusta-Rennmaschinen glich, nennt er selbst »die Trompeten von Jericho«.

Alsbald entstand der Wunsch, mit den großvolumigen und leistungsstarken Motoren auch im Rennsport Mauern einzureißen. Da es den Superbike-Sport in der heutigen Form noch nicht gab, kam als Betätigungsfeld nur die Langstrecken-WM in Frage. Roland Eckert bewies in unzähligen Rennen, daß auch ein kleines Privatteam gewaltige Schlagkraft haben kann. Für Helmut Dähnes Start bei der TT 1978 auf der Isle of Man fertigte er eigens ein Spezialfahrwerk mit besonders langen Federwegen »um dem Acker Herr zu werden«, wie er die damalige Pistenqualität trefflich beschreibt.

Auch hier eine kleine Geschichte am Rande: Wochenlang liefen die Vorbereitungen für dieses Rennen auf Hochtouren – nächtelang schraubten »der Chef« sowie Mechaniker und Freund Karl-Heinz Rumm durch, um den legendären OHC-Triebling fertig zu bekommen. Dähne war der Ausgang dieser Anstrengungen allerdings zu vage, und so nahm dieser »aus Sicherheitsgründen« seine BMW mit zur TT. Auf den allerletzten Drücker wurde die Honda aber doch fertig, und so machte sich Eckert samt Frau Inge und Motorrad auf den Weg zur Insel. »Mit dem Bedford-Blitz, der recht schnell aber nie sehr zuverlässig lief, der Saubär«, erreichte er die letzte Fähre nach Douglas.

Als er sich mit Helmut Dähne schließlich im Fahrerlager traf, lief das Training bereits und »'s hat mordsmäßig pressiert«. Mit dem Taschenmesser schnitten sie den Renner aus seinen Befestigungsgurten, und wenige Minuten später war Dähne schon damit unterwegs, »bis dummerweise nach zehn Kilometern die Kopfdichtung rausflog«, wie Eckert anmerkt. Im Rennen schließlich lief es viel besser. Ein vierter Platz war der Lohn für die harte Arbeit.

Überhaupt war und ist Helmut Dähne eine zentrale Figur im rennsportlich bewegten Leben Eckerts, nachdem auch Größen wie Jon Ekerold, Toni Mang, Dieter Braun, Alois Tost, Egid Schwemmer und Alex George für ihn im Sattel saßen. 1969 – Eckert hatte gerade die Folgen eines schweren Motorradunfalls überstanden – startete er mit seiner BMW R 69 S bei einer Zuvi-

Chefsache: »Hier tankt der Chef«, hieß es in der Langstrecken-EM, wie im Bild beim Bol d'Or in Le Mans 1977, wo Helmut Dähne und Egid Schwemmer Platz vier eroberten.

Der Zeit weit voraus: Wie so oft setzte Roland Eckert 1980 mit der RE 1 Maßstäbe bei den Straßenmotorrädern. Das Gewicht von knapp über 200 Kilogramm und die Leistung von annähernd 130 PS war damals eigentlich reinrassigen Rennmaschinen vorbehalten.

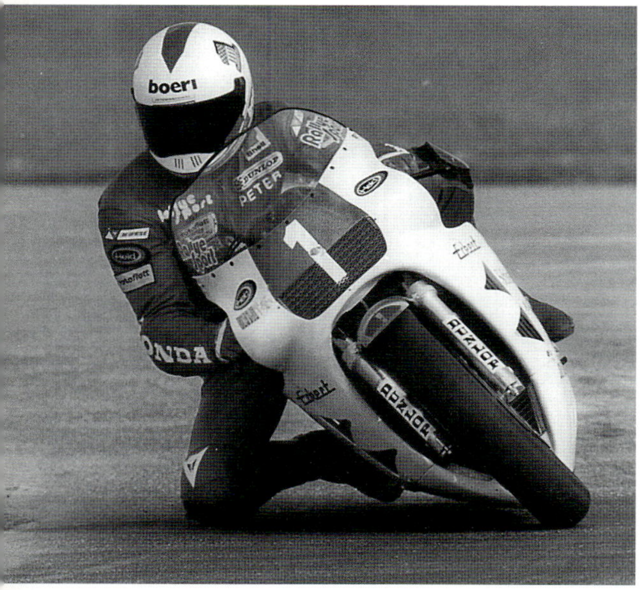

Und noch'n Werks-Motorrad: Mit der raren Honda RS 750 R bestritt die Eckert-Mannschaft 1984 und 1985 mit Helmut Dähne und Peter Rubatto (Bild) erfolgreich die Langstrecken-WM und Superbike-DM.

Veranstaltung in Hockenheim. »Ich hab' dann gleich gewonnen, und der Helmut wurde nur Dritter. Da schmunzeln wir heute noch drüber.« Neben Straßenrennen, unter anderem auf einem Yamaha TD-Renner, bestritt Roland Eckert von 1961 bis 1969 aber vor allem Geländesport. »Auf der NSU Max von Erwin Schmider, mit geschobener Kurzschwinge, als alle anderen schon Zweitakter fuhren. Irgendwann pflanzte ich den Max-Motor dann in ein Maico-Fahrwerk«, erzählt der Schwabenpfeil.

Der gelernte Werkzeugmacher beendete seine Rennkarriere als Fahrer, als er sich 1971 mit der Honda-Vertretung selbständig machte. Wie er überhaupt dazu kam, erzählt er so: »Ich war Betriebsleiter in einer Fabrik für Fahrzeugteile, und mein damaliger Chef frotzelte allzu oft 'Ja, mei' Eckert mit seim Motorrädle!' Irgendwann wurde ihm das zuviel. Außerdem hatte er zu Hause eine kleine Drehbank stehen und stellte abends die verschiedensten Spezialteile für Motorräder her, wie zum Beispiel Fußrastenanlagen für BMWs. Als sein Chef das irgendwann mal spitzkriegte, dachte der, der Roland wolle ihm Konkurrenz machen oder so ähnlich. Dann meinte er: ´Du, i zahl' dir no drei Monatsgehälter, aber in de Betrieb kommsch mir nimmer rei´.« Eckerts Reaktion? »Drei Monatsgehälter? Daheim steht's Drehbänkle – das mach' ich. Auf geht's!« Wenig später beschloß er dann, auch in den Motorradhandel einzusteigen.

Er stellte sich bei Honda Deutschland in Rumpenheim vor und erzählte, was er bisher beruflich gemacht hatte. Darauf meinte der ältere Honda-Mann, ob er nicht lieber nur das Drehbänkle laufen lassen wolle – das wäre doch eine sichere Sache. Eckert tat schließlich das eine, ohne das andere zu lassen – bis heute mit Erfolg. Übrigens: »Mein Chef ist später ein großer Motorradfan geworden und besitzt heute sogar ein Auto- und Zweiradmuseum. Ein Besuch bei Herrn Heyd in Öhringen lohnt sich immer. Außerdem stichelt er jetzt seltener.«

In den 70er Jahren war in der Motorradbranche gutes Geld zu verdienen, und als der Boom in den 80er Jahren abflaute, überlegte Eckert, wie er sich ein solides zweites Standbein aufbauen könnte. Durch beträchtliche Investitionen forcierte er das Geschäft mit seinem Maschinenbaubetrieb, den er trotz allen Engagements für das Motorrad nie aufgab. Heute fertigt er in diesem Betrieb, der zeitweise über eine Belegschaft von über 40 Mitarbeitern verfügte, hochwertigste Präzisionsteile.

Seele des Motorradgeschäftes ist nach wie vor Karl-Heinz Rumm, seit 1974 Eckerts »rechte Hand« im Rennsport und Motorradbetrieb.

Das wettbewerbsmäßige Engagement des »Chefs« war stets untrennbar mit dem Motorradhandel verknüpft. Die Eckert-Klientel setzte sich daher in der aktiven Zeit bis 1991 zu einem großen Teil aus sportlich ambitionierten Fahrern zusammen, denen die Qualitäten einer Serien-Honda einfach nicht ausreichten. Doch neben der Optimierung von Serienmaschinen zeigte

Epoche des Superbike-Rennsports: Mit den V4-Rennmaschinen von Honda (hier von der RS 750 (hi.) bis zur VFR 750 R RC 30 (vo.) erzielte Eckert seine größten Rennsport-Erfolge.

Leistungs-Zentrum: Im schwäbischen Belzhag unweit von Schwäbisch Hall entstehen seit mehr als 25 Jahren die schnellsten Honda-Rennmaschinen.

Roland Eckert mit der legendären RE 1 S, was technisch machbar ist. »Ohne Rücksicht auf Kosten kombinierten wir das in vielen Langstreckenrennen erprobte Gitterrohrfahrwerk mit einem getunten CB 900 F-Vierzylinder. Nach Art des Hauses 'überlebte' von diesem Triebwerk im Grunde nur das Motorgehäuse. Die Innereien fertigten wir zum großen Teil in Eigenregie oder griffen auf die bewährten Baugruppen der damaligen Honda-Rennabteilung RSC zurück.« Auf dem Prüfstand gemessene 143 PS waren das erbauliche Resultat, und nicht nur 1982, sondern sogar auch noch heute verkörpert die RE 1 S einen der schnellsten, innovativsten und technisch perfektesten Reihen-Vierzylinder für den Straßenbetrieb. Die Motivation für den Bau der RE 1 S schöpfte Eckert aus dem dritten Platz in der Endabrechnung der Langstrecken-Weltmeisterschaft 1980.

Der »Urahn« der RE 1 S war damals in der Lage, den japanischen Werksmaschinen nicht nur Paroli zu bieten, sondern sie sogar zu besiegen. »Wir nahmen damals den Kampf mit den Werksteams auf und haben ihnen gezeigt, daß es auch in kleinem Rahmen und mit der schnellen Umsetzung pfiffiger Ideen möglich ist, vorne dabei zu sein.«

Trotz dieser hervorragenden sportlichen Erfolge blieb dem Eckert-Team massive Werksunterstützung stets versagt. Honda Deutschland half zwar bei der Beschaffung der RSC- und HRC-Teile, von einem offiziellen Engagament nahm man in Offenbach jedoch immer Abstand. Man darf hier mutmaßen, ob es nicht vielleicht einen deutschen Endurance-Weltmeister gegeben hätte, wäre die Unterstützung umfassender ausgefallen. Auch die späteren Einsätze in der Deutschen Superbike-Meisterschaft von 1985 bis 1991 bestritt Eckert – trotz der Titelgewinne seines Schweizer Fahrers Andreas Hofmann 1989 und 1990 – größtenteils aus eigener Tasche.

Der Einstieg der Eckert-Mannschaft in die Superbike-Szene hatte seinen Grund im Niedergang des Endurance-Sports. 1984 fuhr man nochmals in der nun auf 750 cm³ reduzierten Langstrecken-WM mit der V4-Honda RS 750 R ein paar Rennen. 1985 startete Peter Rubatto damit in der erstmals ausgetragenen Deutschen Superbike-Meisterschaft mit der RS 750 R, nachdem man im Winter den einen getunten Motor der Serien-VF 1000 R mühevoll in das zierliche Motorrad eingepflanzt hatte. »Das Ding hatte Leistung und Drehmoment ohne Ende, aber nur beim zweiten DM-Lauf in Speyer konnte man gewinnen. Zu oft sorgte

Alles noch da: Fast alle der Eckert-Rennmaschinen befinden sich noch in der feinen heimischen Werkstatt. Und hie und da wirft Eckert sogar einen der piekfein gepflegten Boliden an.

der fehlende Drehzahlbegrenzer für Ventilsalat in den Zylinderköpfen.« 1986 und 1987 legte Eckert eine schöpferische Pause im Rennsport ein. »Honda hatte einfach kein schlagkräftiges Motorrad, und wir warteten im Prinzip auf die RC 30.« Mit ihr kam der Erfolg zurück, wie die beiden deutschen Meistertitel durch Andreas Hofmann belegen.

Daran, den Rennsport an den Nagel zu hängen, dachte Eckert auch 1991 nicht, zumal er gerade in dieser Zeit mehr und mehr Unterstützung von seinen beiden Söhnen Jochen und Torsten, damals 20 und 18 Jahre alt, erhielt. Vom Vater geerbt hatten sie die Begeisterung für schnelle Viertakt-Vierzylinder, doch anders als er wuchsen sie von klein auf in den Motorradrennsport hinein. Roland Eckert hingegen begann seine Karriere als Tuner erst im Alter von zwölf Jahren: »Damals betrieb ich die Modellfliegerei als Hobby und konstruierte bereits eigene Modelle. Doch der unkontrollierte Freiflug befriedigte mich nicht – ich baute eine Funkfernsteuerung.« Und auch an die kleinen Modellmotoren wurde in den fünfziger Jahren schon Hand angelegt, lange bevor die großen Eckert-Triebwerke auf zwei Rädern für Furore sorgten.

Möglicherweise würden sich auch heute noch die arrivierten Teams in der Superbike-DM oder gar in der Weltmeisterschaft vor diesem kleinen, aber schlagkräftigen Team in Acht nehmen müssen, wenn nicht eine krasse Zäsur 1991 für den Rückzug Roland Eckerts aus dem Rennsport gesorgt hätte.

Damals, im Mai 1991, das Eckert-Team kam gerade von Testfahrten aus Rijeka zurück, wollte sich Sohn Jochen nach der aufreibenden Testarbeit und der letzten Prüfung zum Abitur etwas Entspannung bei einer kurzen Motorradtour in der hohenloher Heimat gönnen. Er starb unverschuldet bei der Kollission mit einem Auto.

»Jochen war damals bereits viel mehr in die technische Entwicklung und Organisation integriert, als die meisten damals so mitbekamen. Eine der wichtigsten Säulen

Das waren Zeiten: Mit dem Mercedes-Gespann tingelte die Eckert-Truppe 20 Jahre lang erfolgreich von Rennplatz zu Rennplatz. Den Mercedes gibt's immer noch – Roland Eckert (hier mit Autor Gaßebner) hat ihn wie die Motorräder penibelst gepflegt und gewartet.

und vor allem auch eine persönliche Perspektive fehlten mit einem Schlag. Etwas anderes als der Rückzug aus dem Rennsport kam für mich nicht in Frage«, schildert Eckert die schmerzliche Konsequenz. Er sagt aber auch: »Das Motorrad war immer mein Leben, und in den letzten beiden Jahren fand ich nach und nach wieder zu dieser Materie zurück, wenngleich auf eine etwas andere Art. Ein Rennteam in der von früher gewohnten Art wird es wohl kaum mehr geben können. Hochwertige Motorradtechnik in Kombination mit dem Motorradrennsport begeistert mich aber nach wie vor, und deshalb gibt es durchaus persönliche Wünsche und Projekte zu diesem Thema.«

Eines dieser Vorhaben ist augenblicklich etwa der Aufbau einer Honda RC 30 – in einmaliger Eckert-Technik versteht sich. »Mit mehr Hubraum, viel Leistung und Drehmoment und sehr vielen technischen Lösungen, die heute die hohe Funktionalität einer rennsportnahen Fahrmaschine ausmachen«, verrät »der Chef«.

Funktionalität, technische Perfektion und maximale Leistungsdaten, sachlich und schnörkellos, aber dennoch ästhetisch verpackt. Das war und ist es, was Motorräder von Roland Eckert stets auszeichnet. Bis heute hat sich Eckerts Drang nach Funktionalität und Perfektion nicht gelegt. Und der Meister läßt sich auch nur selten etwas ausreden, wenn er einmal davon überzeugt ist – seine berufliche Laufbahn ist der Beleg. Möglicherweise widmet sich Roland Eckert auch wieder einmal dem Thema Rennsport. Zu wünschen wäre es. Für die Saison 1998 präsentiert Honda, so ist zu hören, eine neue V4-Rennmaschine für den Superbike-Sport. »Vielleicht ein interessantes Thema, mit dem ich mich näher befassen werde.« Das läßt hoffen.

Eckert-Honda VFR 836 R RC 30

Mit drastisch verringertem Gewicht und deutlich gesteigerter Leistung und Drehmoment realisierte Honda-Spezialist Roland Eckert seine ganz persönliche Vorstellung einer Supersport-Maschine mit Straßenzulassung.

Keine Frage, als Honda 1988 die VFR 750 R RC 30 als Basis-Motorrad für den Superbike-Sport auf den Markt brachte, war dem japanischen Werk ein wirklich großer Wurf gelungen. Noch im selben Jahr und auch im Jahr darauf gewann der Amerikaner Fred Merkel die Superbike-Weltmeisterschaft mit ihr. Und auch auf nationaler Ebene wurde die Superbike-Honda zum Goal-Getter.

In Deutschland dominierte die Eckert-Honda RC 30 unter dem schweizer Fahrer Andreas Hofmann. Im ersten Jahr, 1988, reichte es auf Anhieb zum Vize-Titel in der Superbike-DM, und 1989 und 1990 errang die Eckert-Mannschaft zusammen mit Fahrer Hofmann schließlich den DM-Titel.

Freilich war diese Überlegenheit der Eckert-Honda nicht ausschließlich mit dem käuflichen Kit-Material zur Optimierung der Serienmaschine zu erreichen. Neben den erhältlichen Teilen zur Motoroptimierung wie Kolben, Nockenwellen, Auspuff und Zündbox waren zur Realisierung von 143 bis 145 PS Leistung vor allem Feinarbeiten notwendig. Diese reichten, wie bei seriösem Motorentuning üblich, von der Minimierung innerer Reibungsverluste beispielsweise etwa durch Polieren der Kurbelwellenlager- und Lagerzapfen bis hin zur Überarbeitung der Zylinderlaufbahn hinsichtlich ihres Hohnbildes. Selbstverständlich zählten zu den am RC 30-Superbike-Motor angewandten Tuningmaßnahmen auch die Erhöhung der Verdichtung sowie Penibles Nacharbeiten, Glätten und Polieren der Kanäle. Außerdem arbeitete Eckert die Ventilsitze nach und optimierte die Ventilteller hinsichtlich ihrer Strömungsgunst.

Apropos Kanalarbeiten: Neben einer glatten Kanaloberfläche spielt dabei aber vor allen Dingen auch die Optimierung der Kanalform eine entscheidende Rolle. So wurde mit hochtourig drehenden Miniaturfräsern und Lamellenschleifern etwa die Kanalgabelung zu den Ventilsitzen hin auf ein möglichst dünnes und damit strömungsgünstiges Maß gefräst beziehungsweise geschliffen. Weiterhin wurde vor allem ein möglichst strömungsgünstiger Übergang vom Leichtmetall des Einlaßkanals hin zu den Ventilsitzringen gesucht. Unebenheiten in diesem Bereich würden später nämlich den Eintritt des Fri-

Grundlagenforschung: Schon eine grobe Durchsicht ergab, daß die Zylinder im RC 30-Gehäuse genügend 'Fleisch' für eine größere Bohrung besitzen.

Schön schlicht oder schlicht schön? Beides, denn viel mehr als auf eine reißerische Aufmachung setzte Roland Eckert auch bei seiner jüngsten Kreation, der VFR 836 R RC 30, auf innere Werte, hingebungsvoll gearbeitete Details und hundertprozentige Funktionalität. Kurzum – eine Fahrmaschine par excellence.

schgases in den Brennraum ungünstig beeinflussen. Weitere Optimierungsarbeiten betrafen schließlich den Brennraum, der, ebenso wie der Kolbenboden, hochglanzpoliert wurde. Dies fördert einerseits eine günstige Verbrennung, und überdies verzögert sich auf der spiegelglatten Oberfläche auch die Ablagerung von Verbrennungsrückständen.

Stufe eins: Zunächst wurden die Zylinder im RC 30-Gehäuse soweit aufgebohrt, daß neue 74 Millimeter-Stahllaufbüchsen eingesetzt werden konnten.

Ein im Verein mit offenen Vergasern und einer durchsatzfreudigen Auspuffanlage derart optimierter Superbike-Motor sollte schließlich auch die Basis für die straßenzugelassene Eckert-RC 30 bilden. »Allerdings wollte ich gerade für den Straßenbetrieb spürbar mehr Leistung und Drehmoment im unteren und mittleren Drehzahlbereich bekommen, denn die Leistungsentfaltung des reinrassigen Renntriebwerks war mir für meine Zwecke doch zu spitz«, erklärt Roland Eckert den Grundgedanken bei der Entwicklung des speziellen Motors.

Basis für die Leistungs- und vor allem Drehmomentkur des mit 70 Millimeter Bohrung und 48,6 Millimeter Hub 749 cm^3 großen Triebwerkes war schließlich nur der Weg über eine Hubraumerhöhung. Unter

Doppel-Strategie: Bevor die hochwertigen und teuren Leichtemetall-Laufbüchsen mit Nikasil-Beschichtung (li.) zum Einsatz kamen, fuhr Eckert erste Funktionstests mit schwereren aber preiswerten Stahl-Exemplaren (re.).

Ihr Einsatz bitte: Mit einem Spezialwerkzeug wurden die Laufbüchsen ins Gehäuse eingezogen. Das Rohrstück sitzt dabei in den Kurbelwellenlagern, und über die Gewindestange wird per Druckplatte die Laufbüchse ins Gehäuse gezogen.

Berücksichtigung aller technischen Gegebenheiten lag die sinnvolle technische Obergrenze für das Aufbohren bei 74 Millimeter Zylinderbohrung.

Mittlerweile seit mehr als 25 Jahren Tradition, erfolgte dieser technische Arbeitsgang wie fast alle Arbeiten im Eckert-eigenen Fertigungsbetrieb für Präzisionsteile. Allerdings konnte sich Eckert bei der Bohrungserhöhung nicht lediglich darauf beschränken, die vorhandene, eingegossene Laufbuchse zu erweitern. Von dieser wäre bei 74 Millimeter Bohrungsmaß nämlich nur eine unregelmäßige, dünne und damit instabile Wandung übrig geblieben. Also fertigte er vier neue Laufbuchsen an, die am oberen Ende mit einem Bund versehen sind und in den verbliebenen Hals des ursprünglichen Zylinders eingeschrumpft wurden. Der freistehende Zylinderhals wurde entsprechend um die Bundstärke der Laufbuchse gekürzt. Diese Version wurde für die ersten Erprobungen eingesetzt.

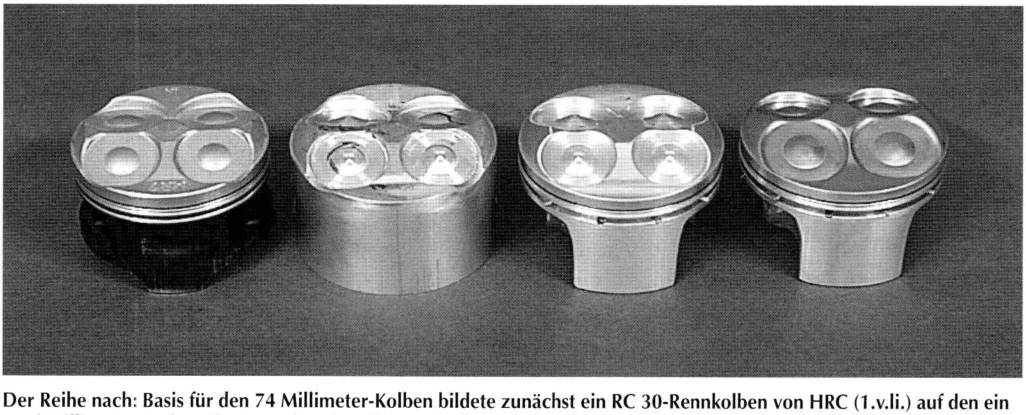

Der Reihe nach: Basis für den 74 Millimeter-Kolben bildete zunächst ein RC 30-Rennkolben von HRC (1.v.li.) auf den ein zwei Millimeter starker Aluring aufgeschweißt wurde (2.v.li.). Außerdem wurden im Bereich des Kolbenbodens Auftragschweißungen vorgenommen, um die endgültige Form herausarbeiten zu können. Firma Wahl in Fellbach fertigte anhand dieses Modells den neuen Kolben (3.v.li.). Eckert ließ diesem allerdings noch strömungsoptimerende Glättungs- und Polierarbeiten angedeihen (re.).

Minutiös angeglichen: Der Brennraum des RC 30-Zylinderkopfes wurde der vier Millimeter größeren Zylinderbohrung sowie der geänderten Kolbenform angepaßt. Gut sichtbar hier die nachgearbeitete Quetschkante von 74er Motor (li.) und RC 30 Original (re.).

Der Vorgang des Einschrumpfens der Grauguß-Laufbuchsen selbst erscheint recht simpel. Ziel ist es, ohne jeglichen mechanischen Zusatz eine steife und formschlüssige Verbindung zwischen der Laufbuchse und dem Motorgehäuse – in diesem Falle der Rest des verbliebenen Zylinders – herzustellen. Dazu macht man sich die unterschiedlichen Wärmeausdehnungen von Grauguß und Aluminium zunutze. Im Prinzip wird das Gehäuse beispielsweise in einem Backofen erwärmt, und die Laufbuchse etwa in flüssigem Stickstoff gekühlt. Dabei dehnt sich das Gehäuse aus, und die Laufbuchse zieht sich zusammen. Führt man die neue Laufbuchse nun ins Gehäuse ein, gleichen sich die Temperaturen der Bauteile an. Damit ist eine solide Verbindung hergestellt. Grundlage für die hierfür notwendigen Berechnungen bilden die Wärmeausdehnungskoeffizienten von Grauguß und Aluminium.

Das endgültige Zylindermaß erhielten die Laufbuchsen anschließend auf der Hohnmaschine. Parallel zu dieser Grauguß-Variante entwickelte Eckert aber alternativ auch eine Lösung mit leichteren, nikasilbeschichteten Aluminium-Laufbuchsen, die mit ihrer wesentlich dickeren Zylinderwandung eine deutlich höhere Radialstabilität aufweisen. Letzterer Punkt reduziert in erster Linie das »Arbeiten« der Laufbuchse im Bereich der Zylinderkopfdichtfläche und verringert das Risiko einer Beschädigung der Zylinderkopfdichtung erheblich.

Neben dieser anspruchsvollen mechanischen Modifikation am RC 30-Motor-

Rad ab: Die Original-Lichtmaschine der RC 30 (links) mit schwerem Außenrotor bringt bei niedrigen Drehzahlen zwar kultivierten Motorlauf, steht blitzartigem Hochdrehen aber entgegen. Deshalb wurde die kleine Endurance-Renn-Lichtmaschine der RVF 750 RC 45 (rechts) mit Innenrotor eingebaut. Dazu war eine konische Ausgleichshülse mit nur 0,4 Millimetern Wandstärke zum Ausgleich des unterschiedlichen Maßes des RC 30-Kurbelwellenstumpfes zu fertigen.

Vier Wichtige: Die vier Serien-Nockenwellen des 90 Grad-V4 wurden durch schärfere Exemplare von HRC ersetzt, die außerdem mehr Ventilhub besitzen.

Wer die Wahl hat: Allein die Vergaserpalette reichte bei der Entwicklung der VFR 836 über vier Versionen. Links oben die 39er Keihin FCR-Flachschieber, die im Gegensatz zu den Gleichdruckvergasern heikel in der Abstimmung sind, aber für mehr Spitzenleistung sorgen. Rechts daneben die 38er Gleichdruck-Rennvergaser, wie sie bei der RC 30 bei den TT-F1-Rennen eingesetzt wurden. Unten links die Superbike-Vergaser, mit denen 1989 und 1990 zwei deutsche Meisterschaften geholt wurden, und unten rechts die Vergaserbatterie mit einem K&N-Plattenluftfilter.

gehäuse mußte Roland Eckert noch passende Kolben für die 74 Millimeter große Bohrung finden. »Leider fand sich aber kein geeigneter leichter Kolben eines bewährten Motors, den man hätte entsprechend modifizieren können. So blieb nur der Weg, die Kolben selbst zu entwickeln«, verrät Eckert schmunzelnd. Dazu fertigte er sich auf der Basis eines RC 30-Superbike-Kolbens einen Musterkolben. Zunächst drehte er aus Aluminium eine Hülse mit 70 Millimeter Innen- und 74 Millimeter Außendurchmesser und stülpte diese über den originalen Kolben. Im Bereich des Kolbenbodens wurde dieser zusätzlich verschweißt. Außerdem erfolgte ein Schweiß-Auftrag auf dem Kolbenboden, der die nachträgliche Bearbeitung des Kolbenbodens im Hinblick auf eine optimale Brennraumform erlaubte.

Auch hierzu bediente sich Roland Eckert wieder einer ganz speziellen Methode. Er nahm einen alten RC-30-Motor und sägte an einem Zylinder ein 90 Grad-Element heraus und stellte damit praktisch einen Schnitt-Motor her. So war es möglich, den Kolben letztlich unter Berücksichtigung der Ventilöffnung optimal abzustimmen, und überdies konnte er so gleichzeitig erkennen, wo auch der Zylinderkopf-Brennraum noch Spielraum für Optimierungsarbeiten bot. Letzterer erhielt durch die 74 Millimeter-Bohrung eine breitere Quetschkante. »Der neue Brennraum erscheint viel homogener und glattflächiger als das Original, was in erster Linie dem Drehmoment zugute kommt. Drehmoment war ja auch mein Hauptziel bei dieser Entwicklung, und so verzichtete ich auch auf größere Ventile, die sich ja ohnehin nur in Form einer gesteigerten Spitzenleistung bei hoher Drehzahl als günstig erwiesen hätten«, erklärt der Techniker.

Die Kolben fertigte letztlich die in der Rennszene bekannte Firma Wahl in Stuttgart anhand des Eckert-Modells auf der Basis eines Kolbenrohlings der ebenfalls in Stuttgart ansässigen Firma Mahle.

Neben dieser leistungsbestimmenden Arbeiten widmete sich Eckert aber auch der Lichtmaschine des V4-Aggregates. Um dem Motor spontaneres Hochdrehen zu ermöglichen entfernte er die Serienlichtmaschine mit dem großen und schweren Außenrotor, der gleichzeitig als zusätzliche Schwungmasse dient und ersetzte sie durch ein feines kleines Pendant aus dem

Fast fertig: das VFR 836-Triebwerk mit den eingeschrumpften neuen Laufbuchsen und den selbst entwickelten Kolben vor der Montage der Zylinderköpfe.

HRC-Endurance-Rennkit für die RC 45. Diese nicht einmal halb so große Lichtmaschine verfügt über einen sehr kleinen Innenrotor, was die Schwungmasse auf ein Minimum reduziert. Zur Montage dieses Rotors auf dem konischen Kurbelwellenstumpf der RC 30 mußte Eckert allerdings eine konische Ausgleichshülse für den größeren Konus des RC 45-Rotors mit nur 0,4 Millimeter starker Wandung drehen. Wer jemals versucht hat, solch ein filigranes Teil herzustellen, weiß, daß auch dies wieder eine sehr knifflige Aufgabe war. Für den kleinen äußeren Stator fertigte Roland Eckert schließlich eigens einen Gehäusedeckel aus Magnesium, der in Punkto Design dieser technischen Änderung den letzten Schliff gab.

»Damit war das Projekt aus Sicht der mechanischen Arbeiten eigentlich beendet, und ich war sehr gespannt, wie sich der aufgebohrte Motor auf dem Prüfstand benehmen würde«, erzählt Roland Eckert. Nach dem Zusammenbau folgten aber zunächst rund 250 Kilometer zum Einfahren sowie zur Vergaserabstimmung, um einerseits das nagelneue Triebwerk nicht gleich auf dem Prüfstand zu schädigen sowie andererseits natürlich das Leistungsverhalten des Motors nach der Hubraumerhöhung selbst zu beurteilen.

»Bereits nach wenigen Kilometern wußte ich, daß ich auf dem richtigen Weg war, denn im Vergleich zum Renntriebwerk bot der überarbeitete Motor gerade im mittleren Drehzahlbereich sehr viel

Von der Serien- zur Superbike-Technik: 162 Kilogramm Trockengewicht und 151 PS sind beeindruckende Zahlenwerte, doch wie bei genauem Betrachten ersichtlich wird, blieb vom Serienmotorrad außer dem Rahmen kaum mehr etwas unangetastet.

Richtige Einstellung: Auch die Seitenansicht von rechts präsentiert die VFR 836 als technisches Meisterstück. Jede Schraube, jeder Halter, jedes Kabel wurde hinsichtlich seiner Funktionalität durchdacht und erst dann unter den ästhetischen Gesichtspunkten eines Vollblut-Technikers gefertigt.

mehr Leistung. Das konnte eine Prüfstandsmessung eigentlich nur noch bestätigen«, freut sich Eckert über das Ergebnis dieser aufwendigen Arbeit.

Enorme 151 PS Spitzenleistung, das sind gut fünf Prozent mehr als das Superbike-Renntriebwerk, ergaben sich aus der

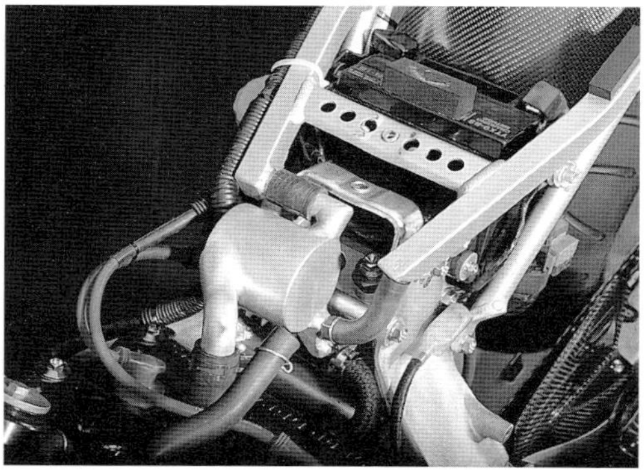

Spiral-Abscheider: Die Entlüftung des Kurbelgehäuses – bei Honda V4-Motoren stets ein heikles Thema – mündet zunächst in einen zylindrischen Behälter, in dem sich ein spiralförmig gebogenes Blech befindet. Auf diese Weise wird bei Vollast über die Entlüftung abgeblasenes Öl größtenteils abgeschieden und über den unteren Ausgang zum Motor zurückgeführt.

Hubraumerhöhung von 87 cm^3, und das sind wiederum etwas mehr als elf Prozent. Außerdem, und ihm noch viel wichtiger, steigerte Eckert das Drehmoment über den gesamten Bereich.

Müßig ist nun eher, über die Fahrleistungen der Maschinen zu berichten. Das Serienmotorrad rennt etwa 230 km/h Endgeschwindigkeit, wohingegen sich die Rennmaschine bei den Superbike-WM-Läufen in Hockenheim zu 280 km/h aufschwang. Das straßenzugelassene und etwa gleich schwere Entwicklungsmotorrad ist angesichts von sechs bis acht PS Mehrleistung nun für rund 290 km/h gut. »Viel schwerer wiegt aber die hervorragende Fahrbarkeit des Motors aufgrund seiner gleichmäßigen Kraftentfaltung. Seine Stärke ist ganz klar die Beschleunigung unten heraus«, relativiert Eckert die eher philosophischen Betrachtungen über erzielbare Höchstgeschwindigkeiten.

Einen hohen Einfluß auf die Fahrbarkeit eines Motorrades hat vor allem auch die Vergaserabstimmung des Motors. Dieser

Umstand wird umso wichtiger, je stärker das Antriebsaggregat ist. Aus diesem Grunde widmete sich Roland Eckert auch nachhaltig penibler Abstimmungsarbeit auf dem Prüfstand und im Fahrbetrieb. »Zunächst nahm der Motor im Bereich von 7000/min schlecht Gas an. Dies war bedingt durch den für den reinen Rennbetrieb abgestimmten Kit-Vergaser. Zugunsten des letzten Quentchens Spitzenleistung verzichtete Eckert bei der damaligen Vergaserabstimmung ganz bewußt darauf, in deisem Punkt für Abhilfe zu sorgen, denn der im Rennbetrieb relevante Leistungsbereich liegt ohnedies bei 9000 bis 13 200/min. »Zwar ließ sich der ruppige Übergang bei 7000/min im Fahrbetrieb auf der Straße analog zum Betrieb auf der Rennstrecke durch die Wahl eines niedrigeren Ganges kompensieren, aber störend ist es doch allemal«, berichtete Roland Eckert.

Bei der Suche nach der idealen Vergaserbatterie kamen prinzipiell vier Varianten in Frage. Einmal die herkömmlichen Serienvergaser, die mit ihrem kleinen Luftfilterkasten einer leistungsfreundlichen Beatmung des Vierzylinders aber im Wege standen und deshalb von vorne herein als untauglich eingestuft wurden.

Platten-Leger: Als hochwirksamer und gleichermaßen durchsatzfreudiger Luftfilter dient ein Plattenelement des amerikanischen Herstellers K & N. Für Wartungsarbeiten wurde ein Leichtmetallrahmen auf die Vergaserbatterie montiert, in den der Filter lediglich eingeschoben und mit zwei Klammern fixiert wird.

Zweiter Abscheider: Vom Spiralabscheider setzt die Motorgehäuse-Abluft ihren Weg in den zweiten Abscheider auf dem Rahmenheck fort. Sollten sich immer noch kleinere Mengen Öl in der Abluft befinden, so werden diese hier von der Luft getrennt und ebenfalls zum Motor geführt. Vollgastests haben ergeben, daß sich an der Luftaustrittsöffnung wirklich nur noch Luft den Weg ins Freie sucht. Die Ölrückführung zum Motor macht sich als Transportweg übrigens das linke Rohr des Rahmenhecks zunutze – das spart immerhin eine Leitung.

Alternative zwei bildeten vier 39 Millimeter große Keihin FCR-Flachschieber-Vergaser. Bauartbedingt ließen sich über diese Einheit zwar sechs bis acht PS mehr Spitzenleistung in das Triebwerk einhauchen, doch im Gegensatz zu den sehr weich ansprechenden Gleichdruckvergasern erfolgt der Leistungseinsatz bei dieser Variante generell härter und ungestümer. Außerdem produzieren Flachschiebervergaser einen unkultivierten Leerlauf.

»Da mir größtmögliche Fahrbarkeit und damit ein seidenweiches Ansprechen des Motors in jedem Drehzahlbereich wichtiger war als einige PS Spitzenleistung, blieben letztendlich nur die Superbike-Vergaser als Alternative übrig«, erklärt Roland Eckert. Aus Gründen der Lärmemission, und um dem Motor ein möglichst langes Leben zu bescheren, kamen diese Vergaser

Proper, die Stopper: Nach wie vor zählen die schwedischen ISR-Sechskolbenbremssättel mit sechs Einzelbelägen zum besten, was auf diesem Sektor zu haben ist. Hier sind sie mit 320 Millimeter großen Brembo-Bremsscheiben kombiniert.

aber nicht in ihrer offenen Version zum Einsatz, sondern erhielten einen großen Plattenluftfilter des amerikanischen Herstellers K&N, der neben ausgezeichneter Filterwirkung auch einen vorzüglichen Luftdurchsatz bietet.

Der Motor lief im Urzustand der Superbike-Vergaser vor allem im unteren und mittleren Drehzahlbereich zunächst zu fett, und ein schlechtes Ansprechen auf die Befehle der Gashand waren die Folge. Durch kleinere Leerlaufdüsen und dickere Düsennadeln für die Gasschieber der Gleichdruckvergaser wurde dies aber rasch behoben.

»Die Hauptdüse beließ ich aber nahezu im Originalzustand der Rennversion, denn unter Vollast empfiehlt es sich stets, mit etwas fetterem Gemisch die Verbrennungstemperatur in gesunden Grenzen zu halten«, erklärt Eckert.

Kurz vor Drucklegung dieses Buches realisierte Roland Eckert überdies eine technische Lösung, die ihm schon länger vorschwebte. »Bereits 1990, als wir in der DM und WM noch Rennen fuhren, überlegte ich mir, wie ich einen leistungsfreundlicheren Luftfilterkasten, eine Airbox, realisieren könnte. Schließlich landete ich gedanklich bei einem Ansaugsystem, wie es seit einigen Jahren im Superbike-Rennsport gemeinhin üblich ist«, berichtet der kreative Techniker. Das Prinzip dieser Airboxen sieht mittlerweile die Kapselung der kompletten Vergaserbatterie vor. Dies zahlt sich besonders unter dem Aspekt der Kühlung aus, denn oftmals heizten sich die Vergaser in der Vorzeit durch die Motorabwärme extrem auf, Dampfblasenbildung und daraus resultierendes schlechtes Ansprechverhalten gepaart mit Leistungsverlust waren die Folge. Außerdem ging man bei der Konstruktion der Airboxen unisono dazu über, die Luft im Bereich des Verkleidungsoberteils ansaugen zu lassen. Dies verhinderte erfolgreich, daß dem Motor warme anstatt kühle und damit leistungsfördernde Ansaugluft zugeführt wird.

Schöner Leichtbau: Die Hinterradaufnahme erfolgt über einen großen Exzenter, die Kettenführung über ein Leichtmetallkettenblatt, das mittels Leichtmetallschrauben auf einem Aluminiumträger sitzt. Für die Zukunft plant Eckert bereits eine Hinterachse aus Titan, die noch einige Gramm Gewicht gegenüber der Stahl-Hinterachse spart.

Auf Pump: Auch die rechte Fußrastenanlage ist dem HRC-Kit entlehnt und integriert die serienmäßige Fußbremspumpe der RC 30. Gut auf diesem Bild zu sehen auch die blau eloxierte Aluminium-Mutter für die Schwingenachse.

O Sohle mio: damit sich der linke Absatz des Fahrerstiefels nicht in Rauch auflöst und mit klebrigem Gummi zudem die HRC-Auspuffanlage verunstaltet, spendierte Roland Eckert dem Auspuffrohrwerk einen filigranen Schutzbügel aus Edelstahl. Auch das ist Funktionalität.

Freilich ist es gerade unter dem handwerklichen Aspekt keine Kleinigkeit, eine derartige Airbox nebst Luftzuführung zu konstruieren und herzustellen, und deshalb will ich auf Eckerts Vorgehensweise in diesem Punkt etwas näher eingehen. Basis für die spätere Airbox bildete ein Positiv-Modell, das es zunächst zu entwickeln galt. Dazu verwendete Eckert eine bereits vorhandene Vergaserwanne aus Glasfaserlaminat als Basis. Die Formgebung des Ansaugkanals nach vorne zur Unterkante des Verkleidungsoberteils empfand er mit gebogenem und verlötetem Schweißdraht nach, der nach und nach ein regelrechtes Gitterdrahtwerk ergab. Später wurde das filigrane Tragwerk mit Modellschaum ausgefüllt, mehrfach gespachtelt und geschliffen. Für die Herstellung der endgültigen Airbox stellte er aus GfK eine Negativform her. In dieser wiederum entstand schließlich aus Kohlefaserlaminat im Autoklaven (Hochdruckofen) des Carbon-Spezialisten CFP Driesch im pfälzischen Neustadt das endgültige, superleichte und stabile Formteil. Neben dem erwähnten Kühlungsvorteil für die Vergaserbatterie addierte sich durch Montage der Airbox aber freilich auch der bekannte Ram-Air-Effekt, der im Hochgeschwindigkeitsbereich für einen leichten Staudruck und damit für verbesserte Füllung sorgt. Druckmessungen bei verschiedenen Superbike-Rennmaschinen haben Überdruck-Werte im Bereich von 20 bis 30 mbar bei einer Geschwindigkeit von 250 km/h ergeben. Auch das System der Eckert-Honda bewegt sich in diesem Bereich.

Zum Abschluß dieser umfangreichen Motorüberarbeitung spendierte Roland

Nicht-schlagende Verbindung: Ein Lenkungsdämpfer mindert bei schneller Fahrweise das gefürchtete Lenkerschlagen. Auch hier: Halter und Verschraubungen vom Feinsten.

Aufgeräumt: So und nicht anders hat eine Elektrik verlegt zu sein. Die beiden großen RC 30-Scheinwerfer finden später allerdings Ersatz in Form zweier kleinerer und leichterer Exemplare der japanischen Version der Honda VFR 400 R NC 30.

Schutz-Abkommen: Um die hochwertige Gleitfläche der Gabelstandrohre vor eventuellen Steinschlägen zu schützen, fertigte Roland Eckert gebogene Abdeckbleche aus Leichtmetall. Die Befestigung derselben erfolgte professionell über eine teilbare Klemmfaust am Gabelstandrohr direkt unterhalb der unteren Gabelbrücke.

Eckert dem thermisch höher belasteten Triebwerk auch noch einen größeren zweiten Wasserkühler im Verkleidungskiel. Dieser stammte ursprünglich aus der Superbike-Basismaschine RVF 750 RC 45 und mußte für die Montage an der RC 30 an den Seiten schmaler gemacht werden. Dies erfolgte durch Heraustrennen von schmalen Streifen im Blechmantel der seitlichen Wasserkästen des Kühlers und anschließendem Zusammenschweißen im WIG-Verfahren.

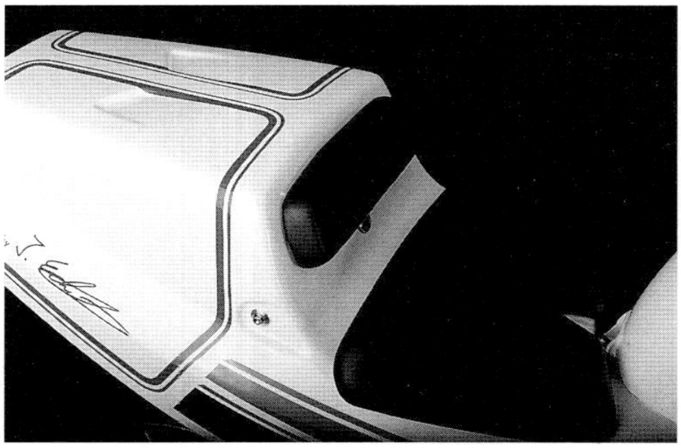

Keine Experimente: Auf die Verwendung »rennmäßigen« Moosgummis als Sitzbankpolster wurde bewußt verzichtet. Die serienmäßigen Sitzflächen sind leicht, schmiegen sich perfekt an den aus leichtem Kohlefaserlaminat gefertigten Sitzbankhöcker an – und vertragen auch einmal einen kurzen Regenschauer, ohne sich vollzusaugen.

Eine weitere Änderung des Kühlsystems betraf den oberen, unterhalb des Steuerkopfes montierten Kit-Kühler. Um die bereits beschriebene Luftzuführung der Airbox nach vorne zum Verkleidungsoberteil hin zu realisieren, bedurfte der Wasserkühler einer entsprechenden Aussparung. Dazu sägte Eckert einfach einige Wasserkanäle nebst zugehöriger Kühllamellen heraus und verschweißte die Schnittstellen wieder. Selbstverständlich prüfte er beide Kühler nach diesen Arbeiten mittels Abpressen unter einem Überdruck von 0,5 bar im Wasserbad auf Dichtigkeit.

Wie die späteren Testfahrten zeigten, verbesserte sich der thermische Haushalt des erstarkten Triebwerkes sogar etwas. Die Leistungssteigerung wurde durch den Einbau des größeren RC 45-Kühlers mit deutlich höherer Wärmekapazität also überkompensiert. Je nach Außentemperatur zeigte das Wasserthermometer gesunde 60 bis 75 Grad an, was als optimaler Arbeitsbereich für einen wassergekühlten Viertakter gelten darf.

Neben allen diesen zahlreichen technischen Modifikationen im Bereich des Antriebes beließ Roland Eckert natürlich auch Fahrwerk und Ausstattung seiner ganz persönlichen Honda RC 30 nicht im Serienzustand. Um etwa das Gewicht der Serienmaschine von trocken (ohne Kraftstoff, aber mit Öl und Wasser) knapp 190 Kilogramm sogar auf das aktuelle FIM-Gewicht von 162 Kilogramm für Superbike-Maschinen (ebenfalls ohne Kraftstoff, aber mit Öl und Wasser) zu drücken, erfolgte zunächst einmal der Austausch der Felgen.

Das 18zöllige Hinterrad sowie das 17 Zoll-Pendant vorne ersetzte Eckert durch leichtere Magnesium-Einheiten von HRC (Honda Racing Corporation). Dem aktuellen Stand der Reifentechnik zollte er mit dem Einbau einer 5,5 Zoll breiten 17 Zoll-Felge hinten Tribut. Vorne dagegen vertraute er nach wie vor auf die 3,5 x 17 Zoll-Felge.

Ebenfalls zum Austausch kam die vordere Bremsanlage. Hier fiel Eckerts Wahl auf die anspruchsvoll gefertigte und bei ihm in zahlreichen Superbike-Rennen bewährte Sechskolben-Festsattel-Anlage des schwedischen Herstellers ISR. Besonderheit bei dieser Bremsanlage sind die sechs einzelnen Beläge pro Bremszange. Jeder Bremskolben bekommt hier seinen eigenen Belag, was im harten Rennbetrieb selbst unter höchsten Belastungen ein stets perfektes Anliegen der Beläge an der Bremsscheibe garantiert. Noch heute, acht Jahre nach dem letzten Meistertitel für das Eckert-Team, zählt diese Anlage nach wie vor zum Besten, was der Autor bislang bewegen durfte. Die Bremsanlagen der aktuellen Werks-Superbikes von Honda, Ducati, Kawasaki und Yamaha eingeschlossen. Neben der perfekten Dosierbarkeit besticht die ISR-Bremse zwar mit hohem Wartungsaufwand, doch dafür glänzt sie auch mit brachialer Wirkung. Mit verantwortlich dafür sind freilich die großen 320 Millimeter-Brembo-Bremsscheiben. Beim Hauptbremszylinder vertraute Eckert auf ein Exemplar von Brembo mit 19 Millimeter Kolbendurchmesser.

Zur weiteren Gewichtsminimierung ersetzte Roland Eckert den serienmäßigen Aluminiumtank durch ein Kunststoff-Pendant (CfK) aus dem Rennbereich. Mit zirka 1200 Gramm Gewicht bewegt sich dieser auf dem bei derartigen Konstruktionen

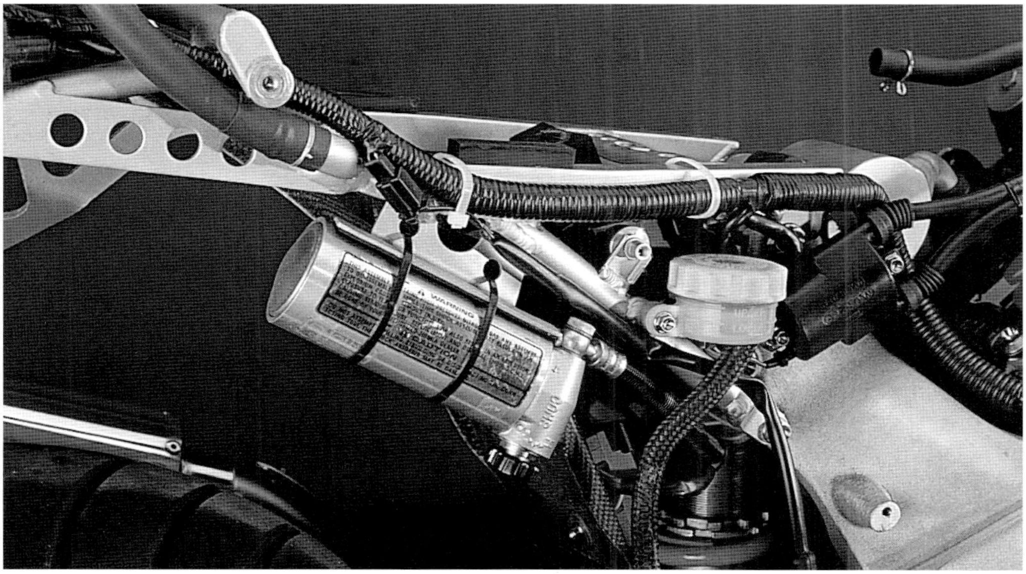

Wo denn sonst: Der Ausgleichsbehälter für die Druckstufendämpfung des Zentralfederbeines sitzt der guten Zugänglichkeit wegen rechts hinten am Rahmenheck.

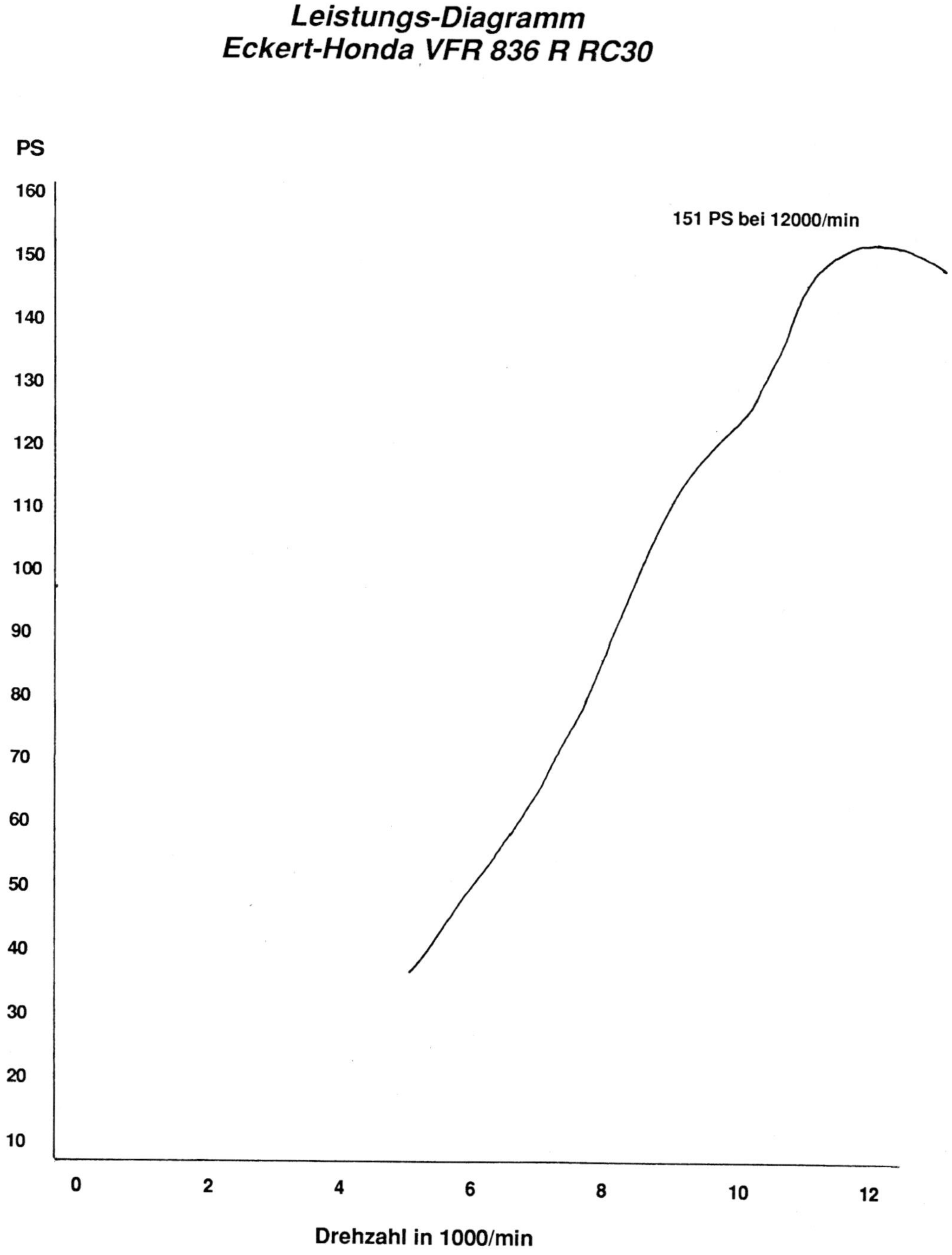

Power-Play: Gewaltige 151 PS und ein ungemein fülliger Leistungsverlauf des aufgebohrten Honda V4-Triebwerks lassen sogar das 143 bis 145 PS starke Superbike-Renntriebwerk erblassen.

Wichtige Einstellung: Aus dieser Perspektive werden die meisten – wenn überhaupt – die Eckert-Honda VFR 836 R RC 30 zu sehen bekommen. 151 PS, 162 Kilogramm und die Tatsache, daß es sich um Roland Eckerts persönliches Unikat handelt, stellen dies sicher.

Echt cool: Der fertig modellierte Ansaugrüssel erforderte eine Aussparung im oberen Kühler. Hierfür wurden einfach Lamellenelemente entfernt, und die Wasserkanäle zugeschweißt. Um trotzdem eine erhöhte Kühlleistung zu sichern, schuf Roland Eckert einen großen unteren Wasserkühler auf Basis des RC 45-Radiators.

üblichen Niveau. Weitere Gewichtseinsparungen erfolgten im Bereich der Vollverkleidung, des Vorderradkotflügels sowie der Sitzbank. Auch hier kamen sehr dünn laminierte Glas-/Kohlefaser-Einheiten zum Einsatz.

Weniger zur Gewichtsminimierung als vielmehr zur Verbesserung der Fahrqualität zog Eckert den Einbau der Showa-Vorderradgabel aus dem HRC-Kit sowie des Federbeins nebst geänderter, progressiverer Hebelumlenkung, ebenfalls von HRC, in Betracht.

Nochmals erwähnt sollte in diesem Zusammenhang aber die Auspuffanlage werden. Auch diese übernahm Eckert aus dem HRC-Kit für die RC 30. Zwar mußte sie sich aus zulassungsrechtlichen Gründen eine erhöhte Dämpfung des Endschalldämpfers gefallen lassen, doch überzeugt sie nach wie vor nicht nur durch ihr sehr geringes Gewicht aufgrund der geringen Wandstärken (0,8 mm) der Krümmerrohre, das gegenüber der Serien-Anlage

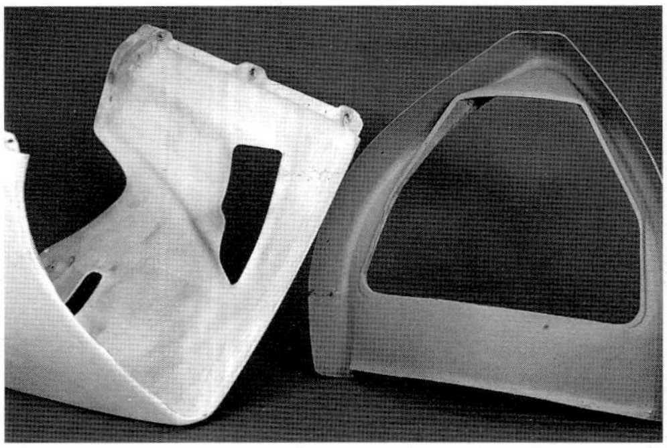

Modell-Agentur 1: Der für den großen RC 45-Wasserkühler notwendige Verkleidungskiel wurde als nachträglich in bereits bestehende Verkleidungsunterteile einzulaminierendes Bauteil entworfen. Die Form (rechts) wird von vorne an das Unterteil angesetzt, und anschließend wird von innen laminiert. Dies erspart den vollständigen Neubau von Verkleidungsunterteilen.

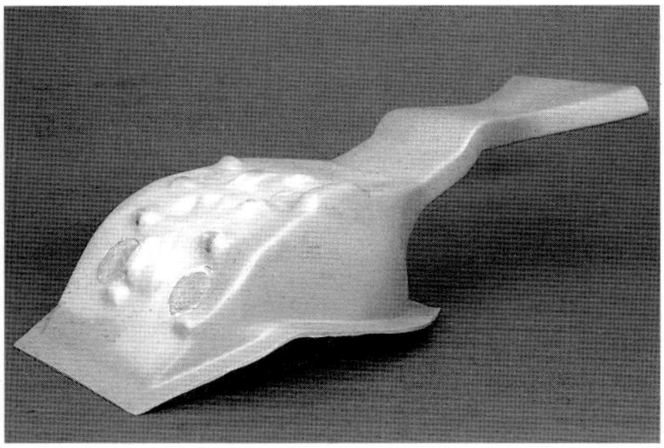

Modell-Agentur 2: Das ferige Ur-Modell der Airbox vor es seinen Weg zum Kohlefaserspezialisten CFP Driesch in Neustadt antritt, wo zunächst eine hochwertige Form und anschließend ein superleichtes Kohlefaserbauteil gefertigt werden.

etliche Kilogramm spart, sondern auch durch ihr hervorragendes Leistungsverhalten aufgrund der exakt auf gleiche Länge abgestimmten Krümmerrohre, was gerade bei einem V4-Motor sehr wichtig ist. Aufgrund der Zündfolge muß eine derartige 4-in-2-in-1-Konstruktion mit Bedacht ausgeführt werden, denn die Zylinderpaare sollen sich in ihrem Strömungsverhalten ja positiv mit dem sogenannten Nachladeeffekt beeinflussen. In diesem Punkt war es sicherlich sinnvoll, auf die enorme Erfahrung, die in den HRC-Kitteilen steckt, zurückzugreifen. Eine Verbesserung dieses Auspuffsystems hätte sich nämlich – falls überhaupt – nur in langwierigen Prüfstandssitzungen herausarbeiten lassen.

Last but not least spendierte Roland Eckert seiner einzigartigen Honda RC 30 eine Lackierung, die dem gerecht wird, was sich an hochwertiger Technik hinter den Verkleidungsteilen verbirgt. In den traditionellen Eckert-Hausfarben Blau und Weiß gehalten, entspricht das Design

Bitte anpassen: Für die Anpassungsarbeiten an Kühlern und Airbox wurde eine Motor-Rahmen-Hinterradeinheit an einem sogenannten »Doppelgalgen« montiert. Dies sichert bequemeres und damit auch präziseres Arbeiten.

exakt jenem der Rennmaschinen, die das Team von 1988 bis hin zum Frühjahr 1991 in der Superbike-DM und -WM einsetzte. Der optische Anspruch einer »Renn-Replica« wird im Falle der Eckert-Honda RC 30 aber glücklicherweise durch die verbaute Technik sowie die dem Superbike sogar überlegenen Fahrleistungen aber mehr als gerechtfertigt. Auch dies ist ein wesentlicher Punkt, in dem sich Eckert-Maschinen schon immer von vielen anderen Produkten der Tuning-Szene wohltuend abhoben.

Für den genußvollen Betrieb – sei es auf kurvenreichen Landstraßen oder auf der Nürburgring-Nordschleife – rüstete Freund und langjähriger Eckert-Rennfahrer Helmut Dähne das Motorrad mit optimaler Metzeler-Bereifung aus.

Bleibt schlußendlich nur zu hoffen, daß die hubraumerstarkte RC 30 nicht das letzte Glied in einer Reihe von herausragenden Supersport-Maschinen aus dem Hause Eckert ist.

Doch der Meister gibt schmunzelnd zu bedenken : »Auch die Weltmeister-Maschine RVF 750 RC 45 braucht irgendwann ein Nachfolgemodell. Und auf deren Technik bin ich schon jetzt sehr gespannt.« Wir auch!

Technische Daten Eckert-Edelbike	
Motor:	*Luftgekühlter Viertakt-Vierzylinder aus Honda RC VFR 750 R RC 30, 836 cm³, 151 PS,* *38 mm-Keihin-Gleichdruckvergaser,* *74 mm Bohrung, 48,6 mm Hub, Verdichtung 12,8:1*
Fahrwerk:	*Rahmen, Gabel, Schwinge von Honda RC 30*
Vorderrad:	*3,5 x 17" von HRC mit 120/70-17 Metzeler ME Z1*
Hinterrad:	*5,5 oder 6,0 x 17" von HRC mit 190/50-17 Metzeler ME Z 1 oder 180/55-17 Metzeler ME Z Racing Plus*
Radstand:	*1390 - 1420 mm*
Lenkkopfwinkel:	*66 Grad*
Nachlauf:	*96 mm*
Bremse vorn:	*Zwei ISR-Sechskolben-Festsättel mit schwimmend gelagerten 320 mm-Guß-Bremsscheiben von Brembo*
Bremse hinten:	*Zweikolben-Festsattel von Nissin mit starr montierter 200 mm-Stahlbremsscheibe von HRC*
Tankinhalt:	*20,5 Liter*
Gewicht:	*162 Kilogramm*
Höchstgeschwindigkeit:	*290 km/h*
Bauzeit:	*Die Freizeit von zwei Jahren, da persönliches Hobby*
Baujahr:	*1997*
Baukosten:	*entsprechen einem guten gebrauchten einmotorigen Sportflugzeug*
Kontaktadresse:	*Roland Eckert* *Eckert Motoradtechnik* *Kupferzeller Str. 42* *74635 Kupferzell-Belzhag* *Tel.: 07944/91 50 0*

Alltagsbike im klassischen Sportdress: Joachim Essig

Mit der radikalen Verwandlung einer betagten Yamaha XJ 650 in ein supersportliches Motorrad klassischer Prägung zeigte Maschinenbau-Ingenieur Joachim Essig, daß auch der Privatmann in der Lage ist, professionelle Edelbikes zu kreieren.

Aus Brot und Butter wird erste Sahne

Die Anschaffung eines neuen Motorrades wirft nahezu zwangsläufig die Frage nach dem Verbleib der alten Maschine auf. Joachim Essig löste dieses Problem auf höchst ungewöhnliche Weise, hat jetzt allerdings Platzprobleme. Seine Geschichte beginnt im Frühjahr '94, als er sich einen langgehegten Traum verwirklichte und eine '89er FZR 1000 Genesis zulegte. Doch lassen wir ihn selbst zu Wort kommen.

Einerseits war ich ja froh über das neue 130 PS-Spielzeug, wußte andererseits aber nicht, was ich mit meiner alten, zuverlässigen und bis dato gefahrenen XJ 650 anstellen sollte.

Die Maschine, Baujahr '80, hatte ich im Jahre '84 während meines Wehrdienstes bei einem Bekannten in meiner Kompanie entdeckt. Sie war zu diesem Zeitpunkt schon mit Moroso-Vollverkeidung, Tomaselli-Stummel, Bimota-Solo-Höcker und

Oldie but Goldie: Joachim Essig schuf aus seiner betagten Yamaha XJ 650 ein wahres Schmuckstück, verbrachte 280 Stunden Eigenleistung mit dem Aufbau und zeigte mit nur circa 8000 Mark finanziellem Aufwand, daß Edelbikes nicht automatisch teuer sein müssen. Hut ab!

Moto-Italia-Fußrastenanlage ausgerüstet. Der Motor in der 71-PS-Version hatte bei einer Laufleistung von 40.000 km gerade die erste Überholung in Form von Übermaßkolben, neu eingeschliffenen Ventilen und komplett neuer Abdichtung hinter sich. Da ich nie ein Motorrad von der Stange fahren wollte, schien diese XJ genau das richtige Motorrad zu sein. Im Frühjahr '85 stand die Yamaha endlich in meiner Garage.

Mit der XJ 650 legte ich bis zum Sommer '94 etwa 90.000 km zurück. Während dieser Zeit waren außer dem Tausch von Verschleißteilen und ein paar Sicherungen sowie einem defekten Anlasser-Relais und einigen Kabelbrüchen im Lenkkopf-Bereich keinerlei Reparaturen notwendig. Die Maschine ließ mich nicht ein einziges Mal im Stich.

Es verging eigentlich kein Winter, in dem nichts geändert wurde, oder neu hinzu kam. So wurden im Lauf der Jahre unter anderem eine Sebring 4-in-1-Anlage, Konis hinten, ein Gabelstabi vorne sowie Stahlflex-Bremsleitungen montiert. Der aufwendigste Umbau erfolgte im Winter '87/88, als der Solo-Höcker mittels Stichsäge, Glasfasergewebe und Polyester-Harz im Keller meiner Eltern auf Ein-/Zweimann-Wechselbetrieb abgeändert wurde. Dieser Umbau wurde gekrönt von einer TÜV-Abnahme sowie einer neuen Lackierung der gesamten Maschine. Nebenbei gesagt weiß ich heute, nach den ersten Abänderungen am Höcker meiner Yamaha, daß die Geruchsbelästigung der Umwelt bei Verwendung von Epoxid-Harz wesentlich geringer ausfällt.

Trotz der FZR war also ein Verkauf der treuen XJ 650 kein Thema. Zunächst dachte ich an eine Restaurierung auf den Zustand, in welchem sie zuletzt gefahren worden war. Ich ließ es dann doch bleiben, denn das war doch wiederum nichts Besonderes.

Der Ur-Zustand: Derart umgebaut erstand Joachim Essig die XJ 650 einst von einem Bekannten. Nach 130 000 Kilometern sagte er: »Wegschmeißen? Niemals!«

Nicht nur Schrauben, sondern auch Schreiben: Joachim Essig dokumentierte den Umbau seiner betagten Yamaha XJ 650 (hier vor dem Umbau) mit eigenen Bildern und lieferte zudem ein Manuskript, das ihn kurzerhand zum Co-Autor machte. Bravo!

Genau in den Zeitraum dieser Überlegungen fiel im Februar '95 der Besuch der Messe »Motorrad-Power« in Sindelfingen.

Angeregt durch die dort ausgestellten PS-EDEL-BIKES kam mir erstmals der Gedanke, auch meiner alten XJ 650 eine solche Veredelung zukommen zu lassen.

Es dauerte dann noch ein Jahr, bis ich zur Tat schritt. Der Startschuß fiel im Frühjahr '96 mit dem Zerlegen der Maschine und dem anschließenden Verstauen der Einzelteile im heimischen Keller. Vorausgegangen waren bereits erste Design-Entwürfe und die Suche nach einem Konzept, welches die Eckpunkte des zukünftigen EDEL-BIKES festlegte. Folgende Punkte standen zum Beispiel von Anfang an auf der Wunsch- beziehungsweise Umbauliste:

- Rahmen und Schwinge sollten glanzvernickelt werden, das Rahmendreieck sollte frei bleiben.
- Die schmalbrüstigen Originalräder sollten durch Felgen in zeitgemäßen Abmessungen und modernerem Design, die Original-Bremsanlage durch effektivere Stopper ersetzt werden. Vor allem der Umbau der wirkungslosen hinteren Trommelbremse auf Scheibe war erforderlich.
- Die Vollverkleidung sollte einer knackigen Halbschale mit freier Sicht auf Rahmen und Motor geopfert werden, der Solo-Höcker sollte möglichst kurz und knapp gehalten sein.

Am Anfang war eine Idee: »So etwa stellte ich mir meine Yamaha XJ 650 nach dem Umbau vor«, kommentiert Joachim Essig einen Entwurf aus der frühen Planungsperiode.

Auf den Spuren von 130 000 Kilometern: Zumindest die Oberfläche des Vierzylinders bedurfte einer kräftigen Revision, bevor an ein Edelbike zu denken war.

Nachgedacht und dann gemacht: Ein Montagebock aus Holz brachte das Triebwerk auf eine angenehme Arbeitshöhe und erleichterte Zugang und Handhabung erheblich.

– Alle Motorendeckel und die sonstigen Alu- und Edelstahlteile sollten hochglanzpoliert werden.

Mit diesen Vorstellungen im Kopf und einigen Skizzen auf Papier machte ich mich im April '96 ans Werk. Der Zugang zu Werkzeugmaschinen und Halbzeugen aller Art, den ich aufgrund meiner Anstellung als Ingenieur bei einem Maschinenbau-Unternehmen habe, ermöglichte es mir, auch aufwendige Teile, wie etwa die Fußrastenanlage und die obere Gabelbrücke am CAD zu entwerfen und kostengünstig selbst anzufertigen. Auch die Umarbeitung der gebraucht gekauften hinteren FZR 600-Felge von Kette auf Kardanantrieb wurde am CAD entwickelt und in einer Nachtschicht auf einer Drehbank des Betriebes realisiert.

Für den Neuaufbau der Maschine stand ein geräumiger und gefliester Kellerraum zur Verfügung, der mit Werkbank, Schraubstock und Elektrowerkzeugen aller Art ganz ordentlich ausgestattet ist. Eine solche Werkstatt, in der man nach Arbeitsende auch mal alles stehen und liegen

Schön atmungsaktiv: K&N-Einzelluftfilter verschönerten die Vergaserbatterie, die mit hochglänzenden Membrandeckeln und Schwimmerkammern aufgewertet wurde.

Four-Arbeiter: Wunderschön integriert sich der betagte Vierzylinder nach seiner Überarbeitung ins vernickelte Chassis.

lassen kann erleichtert ein derartiges Projekt natürlich ungemein.

Die Polierarbeiten wurden anfangs ebenfalls in diesem Raum durchgeführt, wegen der ungeheueren Schmutzentwicklung dann später aber ins Freie verlegt. Generell kann ich jedoch nur empfehlen, lediglich Schraubenköpfe und Kleinteile, wie zum Beispiel die Fußrastenanlage, mit dem Polier-Kit auf der Bohrmaschine zu bearbeiten. Flächige oder große Teile wie die Motorendeckel oder gar den Rahmen gibt man besser an einen Fachbetrieb. Die Oberflächen, welche ein solcher Betrieb durch Polieren auf einer profesionellen 5 kW-Maschine liefert, werden wesentlich besser ausfallen als jene, die man in mühseliger Eigenarbeit mit einer 700 Watt-Bohrmaschine zustande bekommt. Hierzu sei aber noch erwähnt, daß industrielle Schleifereien, die den Maschinenbau bedienen, wesentlich kostengünstiger polieren, als Custom-Bike-Zulieferer, das Ergebnis aber deswegen keineswegs schlechter sein wird.

Nachfolgend sind die einzelnen Veredelungsmaßnahmen, die an den jeweiligen Baugruppen der Maschine durchgeführt wurden, näher beschrieben. Sie entsprechen chronologisch teilweise nicht dem tatsächlichen Arbeitsablauf, da meist an mehreren Baugruppen zeitgleich gearbeitet wurde.

Voller Durchblick: Der freie Durchblick durchs Rahmendreieck gibt auch aus dieser Perspektive interessante Blicke auf das luftgekühlte Triebwerk frei.

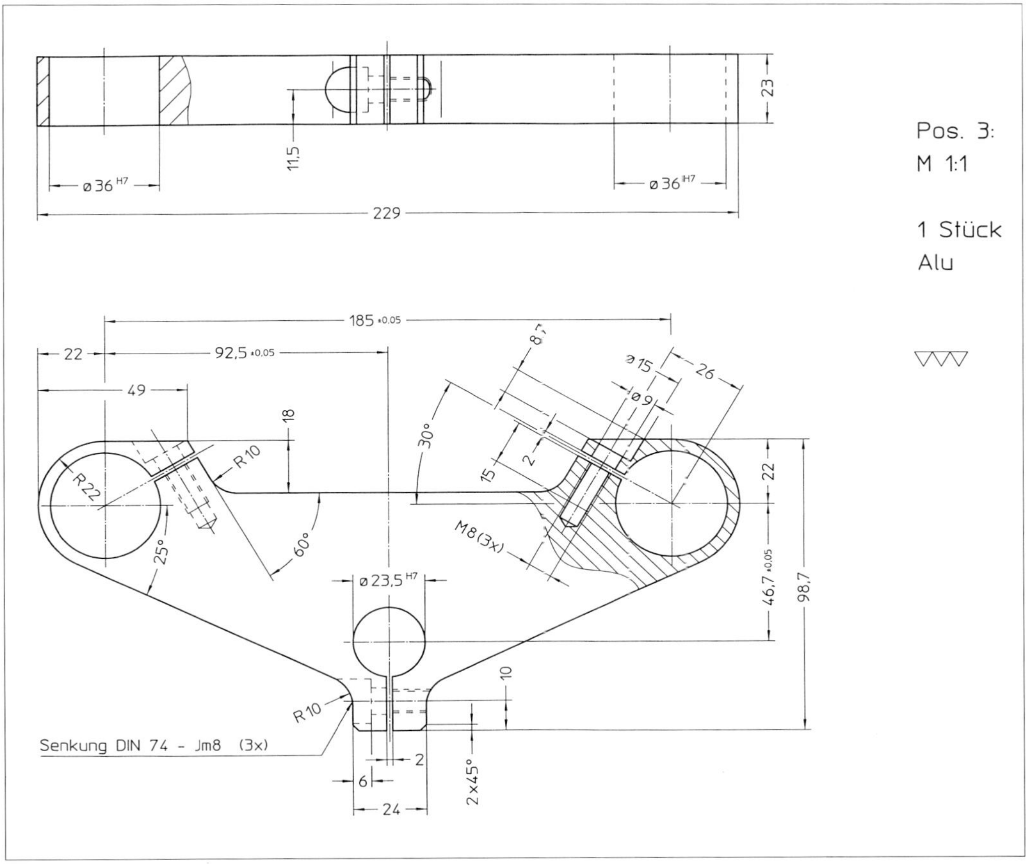

CAD-San: Die unförmige Serien-Gabelbrücke wurde durch ein selbst entworfenes und anschließend CNC-gefrästes Aluminiumteil ersetzt.

Der Motor hatte zum Zeitpunkt der Stillegung, wie gesagt, eine Laufleistung von 130.000 km und war beim Stand von 40.000 km bereits technisch überholt worden. Da der Ölverbrauch bei Stillegung mit 1/4 Liter pro 1.000 km noch nicht übermäßig hoch war, und das Motorrad nach seiner Wiedergeburt als Edelbike sicher keine allzu großen Strecken mehr bewältigen sollte, wurde auf eine zweite Überholung bewußt verzichtet. Lediglich ein kompletter Satz neue Gehäusedichtungen und Simmerringe wurde im Laufe der Restaurierung eingesetzt, da die alten doch hier und da einige Tropfen Öl durchgelassen hatten.

Vorgesehen war, den Motor komplett mit Glasperlen zu strahlen und anschließend mit hitzefestem Lack wieder neu zu lackieren. Die Seitendeckel von Kurbelwelle, Kupplung und Getriebe sowie der Ventildeckel sollten hochglanzpoliert werden.

Um am Motorblock vernünftig arbeiten zu können, wurde dieser in einem Holzrahmen fixiert. Dazu wurden gehobelte Kanthölzer zurechtgesägt und mittels verzinkter Blechwinkel aus dem Baumarkt zu einem stabilen Trage- und Montagegestell verschraubt. In dieses Gestell wurde der Motor an seinen unteren Rahmen-Aufnahmepunkten eingesetzt, und konnte so problemlos von zwei Personen transportiert

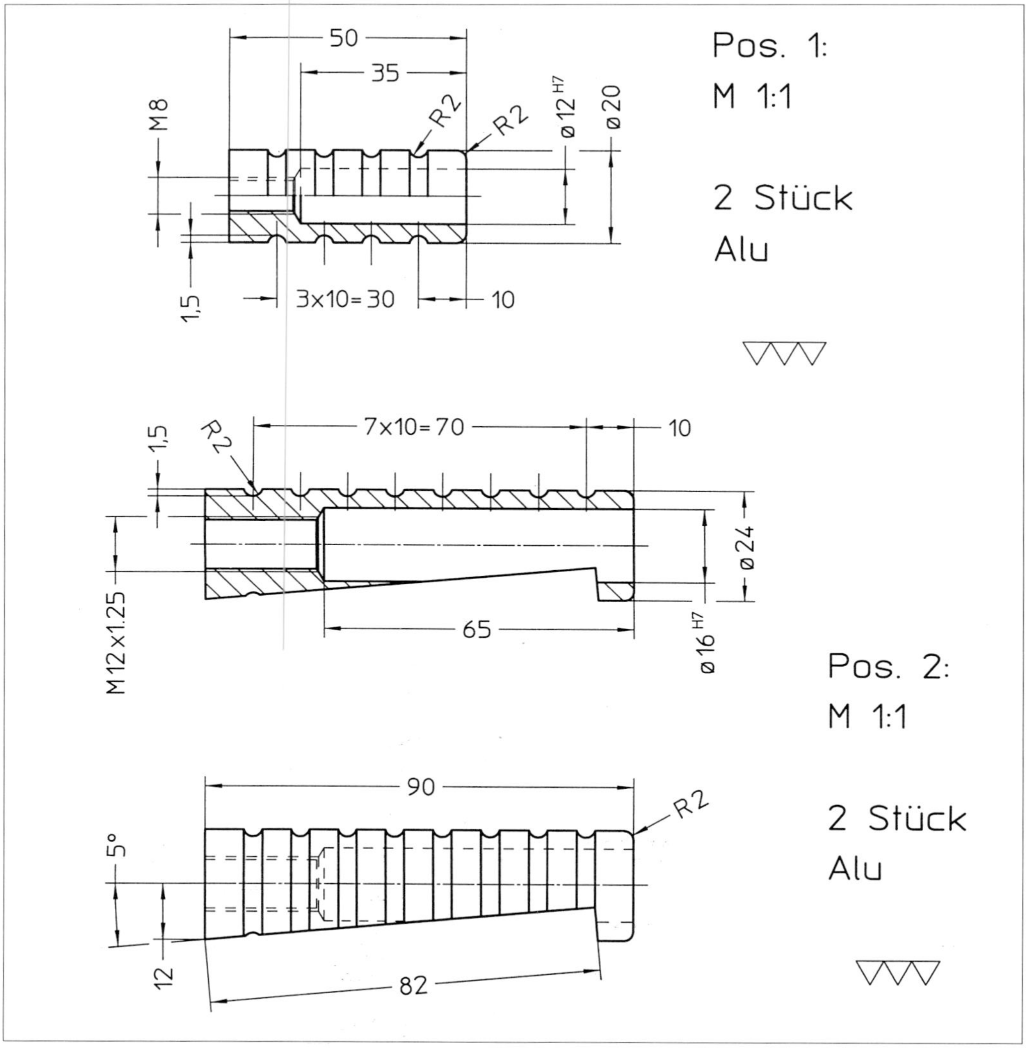

Gute Anlage: Die Moto Italia-Fußrastenanlage wurde mittels selbst entworfener Rahmenadapter (o.) sowie selbst konstruierter Rasten aufgewertet.

werden. Durch das Verschrauben des Holzrahmens auf zwei Montageböcke wurde der Motorblock in eine angenehme und stabile Arbeitshöhe gebracht. Durch das Lösen der hinteren Haltebolzen konnte er in seinem Montagegestell nach vorne gekippt werden, um den Zugang zur Ölwanne zu erleichtern.

Zunächst mußte der Motor sorgfältig abgedichtet werden. Dazu wurden die Öffnungen der Ansaug- und Auslaßkanäle mit Stofflappen zugestopft. Zusätzlich wurden 4 mm dicke Blechronden angefertigt und mit Moosgummi-Dichtmaterial beklebt. Diese wurden dann an den Befestigungsgewinden der Auspuffkrümmer und der Ansaugstutzen so verschraubt, daß die Öffnungen absolut dicht gegen das Strahlgut beim Glasperlenstrahlen waren. Alle Kabel zu Lichtmaschine, Anlasser und

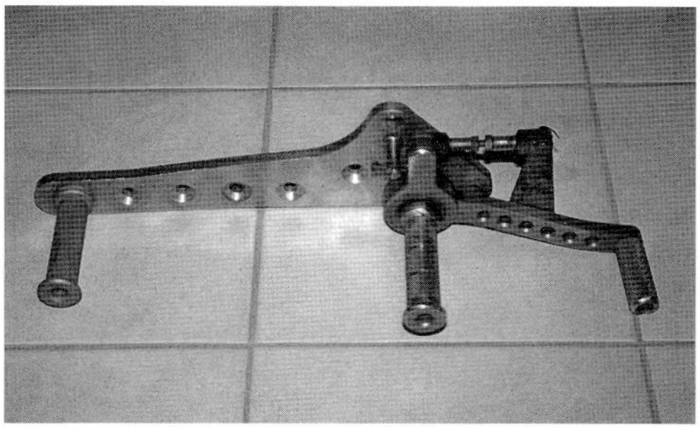

Warum denn nicht? Die betagte Moto Italia-Fußrastenanlage sah zwar schon recht gebraucht aus, konnte mittels viel Polierarbeit aber stilgerecht ins Edelbike-Projekt integriert werden.

Rasten-Verteilung: Nach der Überarbeitung erstrahlen die ehedem fast wegwerfreifen Fußrasten in absolutem Hochglanz.

Zündung wurden entfernt, die Öffnungen mit Gummipfropfen abgedichtet.

Solchermaßen präpariert und abgedichtet wurde der Motor mitsamt Tragegestell zum nächsten Clean-Park gefahren, ausgiebig mit Kaltreiniger eingeweicht und dann vorsichtig mit dem Hochdruckreiniger abgestrahlt. Nur so war es möglich, den Dreck zu lösen, der sich im Lauf der Jahre an den unzugänglichen Stellen mit ausgetretenem Motorenöl zu einer sehr hartnäckigen Schicht aufgebaut hatte.

Die zum Polieren bestimmten Alu-Deckel wurden abgenommen, mit stabilem Gewebeband mehrlagig abgeklebt, um ihre Oberfläche beim Glasperlenstrah-

Der erste große Tag: Frischlackierter Motor mit polierten Gehäusedeckeln findet Platz in hochglanzvernickeltem Rahmen nebst polierter Seriengabel. Da ließ sich Joachim Essig auf dem Sofa nieder »und guckte einfach mal nur eine halbe Stunde lang«.

len nicht unnötig zu beschädigen, und anschließend wieder montiert.

In diesem Zustand ging der Motor auf seinem Montagegestell zum Strahlen. Anschließend wurde der metallisch blanke Block in der Lackierkammer meines Arbeitgebers mit schwarzem, hitzefestem Zweikomponenten-Lack neu versiegelt.

Im Anschluß an die Lackierung wurden die Aludeckel hochglanzpoliert und mit ebenso polierten Edelstahl-Imbusschrauben wieder befestigt.

Die Vergaser wurden komplett zerlegt und einer gründlichen Reinigung unterzogen. Sämtliche Kleinteile bekamen nach ausgiebigen Schleifgängen einen Chromüberzug. Nach dem Polieren der Schwimmerkammer-Gehäuse und dem Einsetzen neuer Dichtungen wurde die Vergaserbatterie schließlich wieder montiert und mit einem Satz K&N-Filter komplettiert. Der voluminöse Luftfilterkasten im Rahmendreieck konnte so ersatzlos gestrichen werden.

Das bedeutete richtig Arbeit: XJ 650-Rad für Kardanantrieb (li.) und FZR 600-Rad für Kettenantrieb (re.).

Die Sebring 4-in-1-Anlage mußte ebenfalls die Prozedur des Glasperlenstrahlens über sich ergehen lassen und wurde dann mit hitzefestem Auspufflack überzogen,

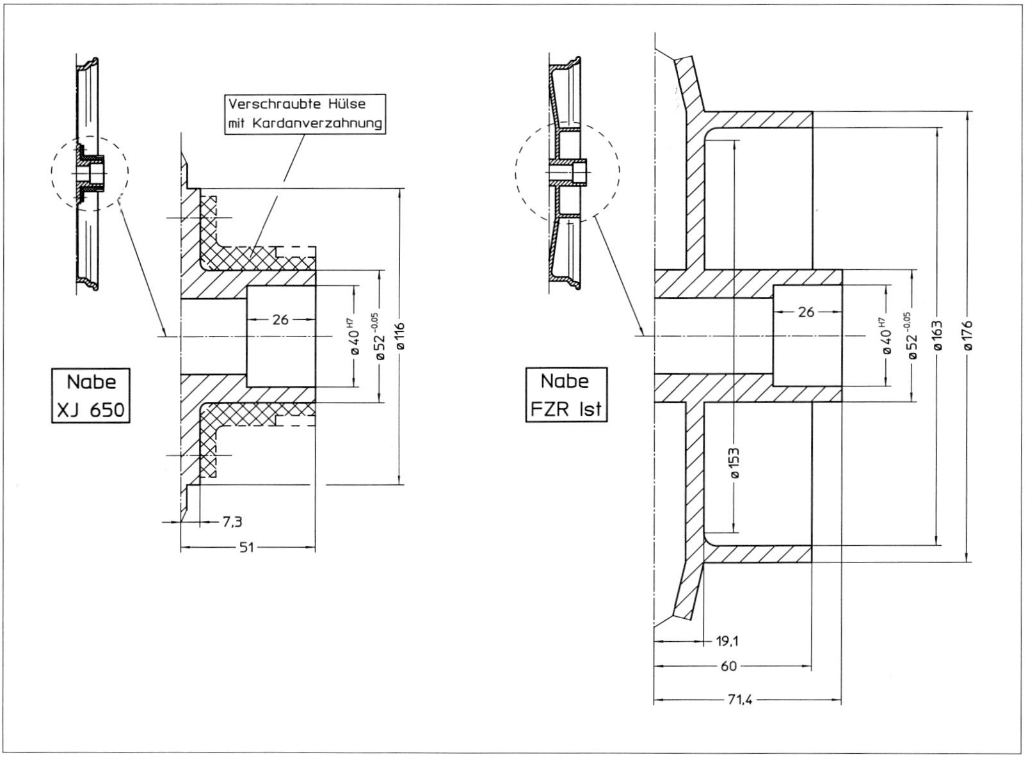

IST-Aufnahme: Bevor es an den Hinterrad-Umbau gehen konnte, hielt der Diplom-Ingenieur die Ist-Zustände beider Räder auf dem CAD-System fest.

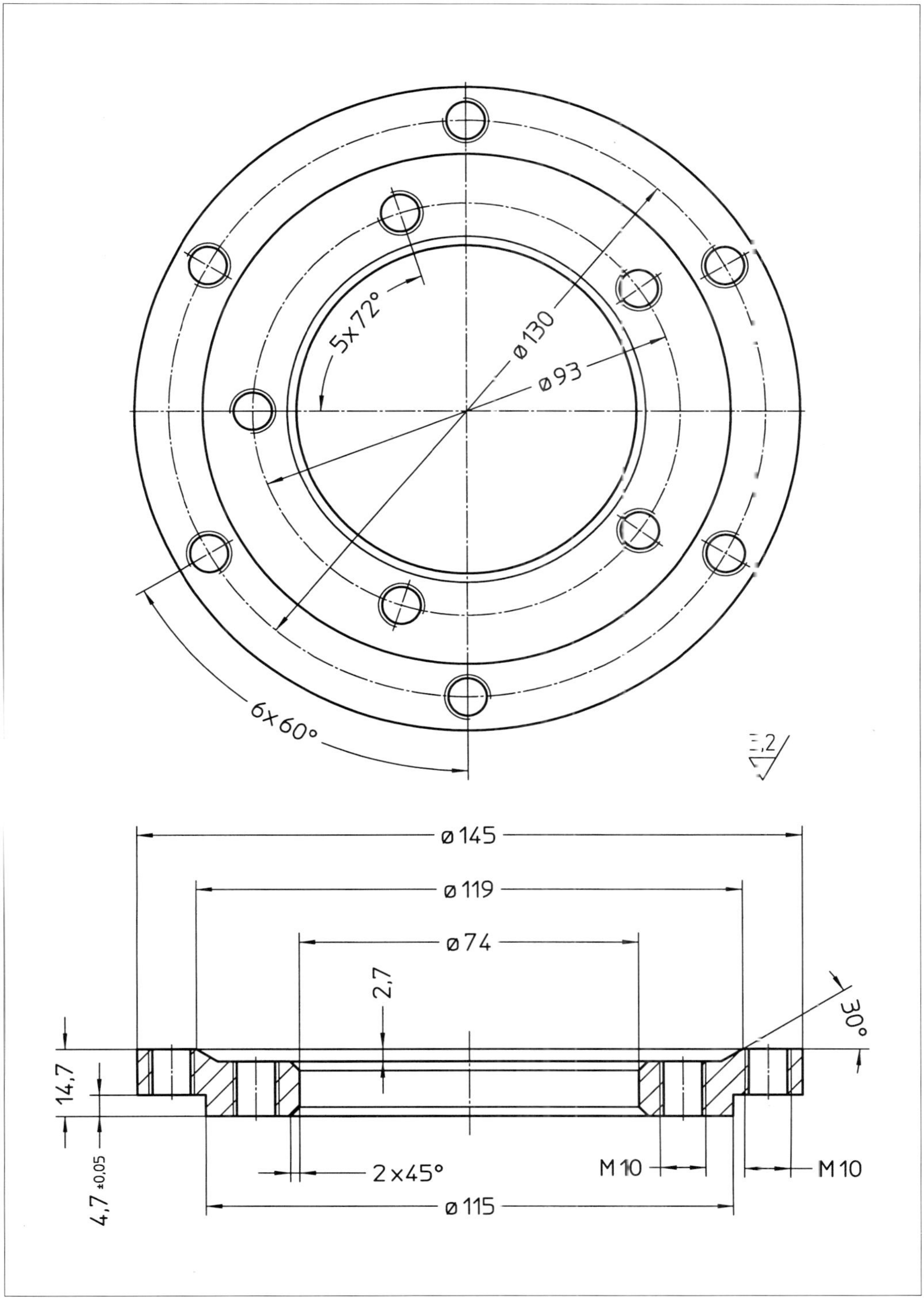

Ausgleichs-Treffer: Eine Distanzplatte war das Ergebnis des Vergleichs der beiden Hinterradnaben.

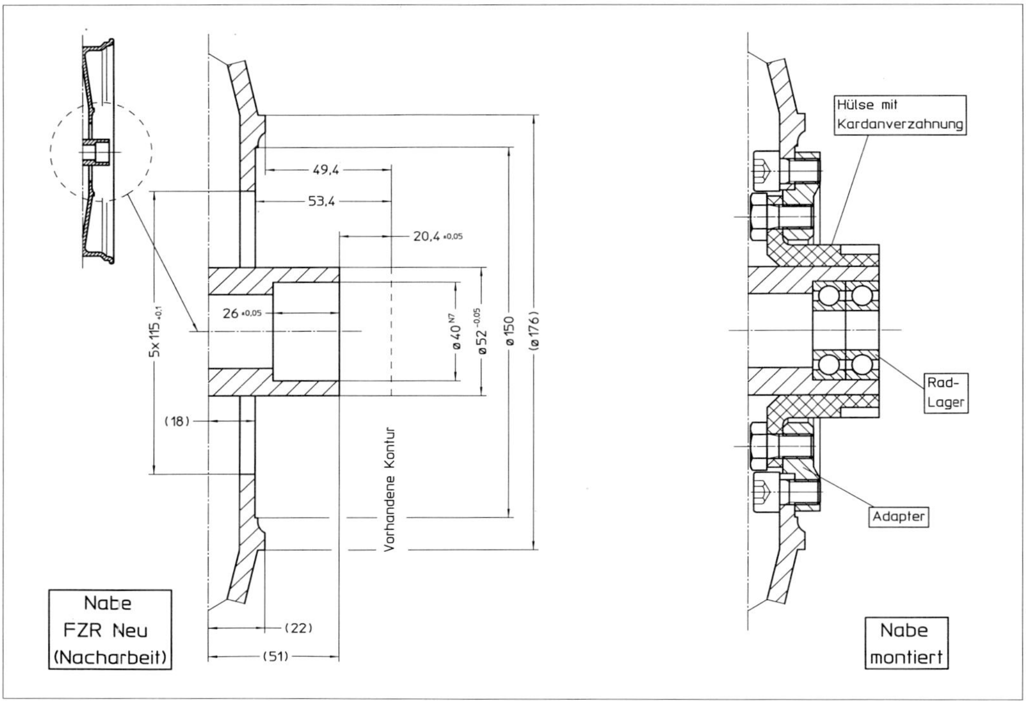

Abschluß-Arbeit: Ebenfalls am CAD-System wurde die neue Nabe der FZR-Felge in montiertem Zustand gezeichnet.

der abschließend bei ca. 160°C eingebrannt wurde. Der Alumantel des Dämpfers wurde ebenso wie das Gehäuse des Kardangetriebes auf Hochglanz poliert.

Am Rahmen befanden sich zahlreiche Halterungen, die im späteren Zustand nicht mehr notwendig sein sollten, so zum Beispiel die Scharniere und die Verriegelung der Sitzbank, die Ösen zum Einstecken der Seitendeckel sowie die Aufnahme des Hauptständers. Diese Halterungen wurden sorgfältig abgesägt, die Trennstellen anschließend mit dem Winkelschleifer sauber verschliffen.

Als nächster Arbeitsgang stand das Entlacken des Rahmens, der Schwinge und einiger Kleinteile auf dem Programm. Als Basis für einen galvanischen Überzug erschien eine sandgestrahlte Oberfläche denkbar ungeeignet, da der Polieraufwand danach zu groß geworden wäre. Also wurden Rahmen, Schwinge, Seitenständer und die Motorhalterungen von einem Spezialbetrieb in einem mehrtägigen Laugenbad vom Lack befreit. Das Ergebnis war hervorragend: Die blanken Stahlteile zeigten sich ohne irgendwelche Beschädigung der Oberfläche, an den Rohren des Rahmens waren sogar noch die Anlaßfarben entlang der Schweißnähte zu erkennen. Dieses schonende und preiswerte Verfahren zur Entlackung ist aus meiner Sicht absolut empfehlenswert.

Um einer Rostbildung auf den nunmehr ungeschützten Stahlflächen vorzubeugen, wurden die Teile unverzüglich poliert und der Galvanik zum Vernickeln angeliefert. Dort wurde dann im galvanischen Tauchbad zuerst einer Kupferschicht als Korrosionsschutz und als einebnender Haftgrund aufgetragen. Anschließend folgte, als optische Vollendung, die leicht ins Gelbliche tendierende Glanznickelschicht. Nickel ergibt einen »wärmeren« Glanz als das mehr ins Bläuliche gehende, »kalt« glänzende Chrom, weshalb auf den möglichen Auftrag einer Chromschicht verzichtet wurde.

Der Rahmen und die Schwinge wurden schließlich gründlich im Ölbad gespült, um die letzten Säurereste der Galvanikbäder aus den Hohlräumen auszuwaschen, und somit eine Korrosion von innen zu verhindern. Um die sogenannte Wasserstoff-Versprödung zu egalisieren, die beim Vernickeln von Stahl auftritt und zu Rahmenbrüchen führen kann, wurden Rahmen und Schwinge abschließend im Ofen bei ca. 200°C über etwa zwei Stunden temperiert. Dieser Vorgang muß vom Galvanik-Betrieb zur Vorlage bei der späteren TÜV-Abnahme unbedingt bestätigt werden.

Die Gabel verblieb weitestgehend im Originalzustand, lediglich die Tauchrohre und der Gabelstabilisator wurden hochglanzpoliert. Die serienmäßige Gabelbrücke, ein unförmiges Gußteil mit

Geht doch: Die vordere Bremsanlage wurde komplett mit dem Rad von der FZR 600 übernommen. Einzig mußten Adapter zur Montage der Bremszangen an der XJ-Gabel gefertigt werden.

Ging auch: Am Hinterrad kam eine nach unten verlegte FZR-Bremszange nebst dazugehöriger Bremsscheibe zum Einsatz.

Klemmschellen für den Original-Tourenlenker, wurde vermessen und durch ein am betriebseigenen CAD entworfenes, CNC-gefrästes und anschließend hochglanzpoliertes Alu-Teil ersetzt.

Auch die Dichtungen der hinteren Koni-Dämpfer hatten im Lauf der Jahre etwas gelitten und ließen Dämpfungsöl austreten. Hier war eine Instandsetzung unumgänglich. Also wurden die Federbeine zerlegt und die Dämpfer-Einheiten bei der Firma Koni generalüberholt. Die Federn wurden glasperlengestrahlt und anschließend pulverbeschichtet.

Die vorhandene Moto-Italia-Fußrastenanlage wurde teilweise überarbeitet. Schalt- und Bremshebel blieben mitsamt ihrer Lagerung unverändert, die Rasten und die Rahmenhalterung entstanden nach selbstgefertigten Eigenentwürfen. Abschließend wurde die gesamte Anlage hochglanzpoliert.

Anschließend erfolgte die Montage von Rahmen mit Motor, Schwinge, Kardangetriebe, Stoßdämpfern und Gabel. Wie am Motor selbst wurden dabei alle Original-Schrauben durch polierte Edelstahl-Imbusschrauben ersetzt; Schwinge und Lenkkopf erhielten einen neuen Satz Kegelrollenlager.

Stop-fit: Die FZR 600-Bremsanlage schmiegt sich mittels selbst gezeichneter und in Eigenregie gefertigter Halter harmonisch und vor allem technisch einwandfrei an die Serien-Gabel an.

Halt mal: Die Halterung für Halbschale und Cockpit wurde komplett in Eigenregie gefertigt.

Die Überarbeitung dieser Baugruppe war der radikalste Eingriff, den die alte XJ 650 über sich ergehen lassen mußte. Die serienmäßige Ausstattung mit schmalbrüstigen, aber schweren Rädern im 18"- und 19"-Format war für den Aufbau eines Edelbikes absolut ungeeignet. Gleiches galt für die Bremsanlage, deren hintere Trommel so gut wie wirkungslos war, und deren vordere Doppelscheibe mit der effektiven Verzögerung von 230 kg Trockengewicht ihre liebe Not hatte.

Ersatz zu finden, war gar nicht so einfach. Irgendwelche Neuteile aus Zubehör- oder Tuning-Läden, so sie für eine XJ 650 überhaupt zu bekommen gewesen wären, kamen aus Kostengründen nicht in Frage. Also wurden ungefähr 20 Gebrauchtteile-Händler im gesamten süddeutschen Raum nach passenden Rädern mit der dazugehörigen Bremsanlage abtelefoniert. Anfangs suchte ich noch nach Felgen aus einer modernen kardangetriebenen Maschine, wie zum Beispiel der YAMAHA XJ 900 Diversion. Als sich ein solcher Felgensatz aber nirgendwo auftreiben ließ, blieb nichts anderes übrig, als auf die Felgen eines Motorrades mit Kettentrieb auszuweichen, und diese dann eben passend zu machen.

Als in Frage kommende Dimensionen standen für vorne 3x17" mit 110er Bereifung und für hinten 4x17" oder 4x18" zur Debatte. Hier war ein 140er Reifen das höchste der Gefühle, da eine noch breitere Bereifung nur durch die komplette Abänderung der Schwinge und des Kardans möglich gewesen wäre.

Nunmehr wurde also gezielt nach dem Felgensatz und der Bremsanlage einer '91-er FZR 600 gesucht, da diese Teile in Dimension und Design genau meinen Vorstellungen entsprachen. Nachdem ich dann schließlich bei einem Gebrauchtteile-Händler fündig geworden war, und mich von der Unversehrtheit aller Bauteile sowie von der Machbarkeit des Umbaus auf Kardanantrieb überzeugt hatte, gingen die Teile über den Ladentisch.

Für den Umbau vorne blieb die Felge nahezu komplett im vorhandenen Zustand. Lediglich der Sitz der beiden Bremsscheiben wurde um jeweils 2 mm abgedreht, um die Scheiben weiter innen zu plazieren und so ein wenig mehr Luft zu den doch etwas enger stehenden Tauchrohren der XJ zu erhalten. Weiterhin wurden neue Raddistanzen aus poliertem Edelstahl angefertigt und der Tachometer-Antrieb entfernt, da der originale Analogtacho durch einen digitalen Tachometer ersetzt werden sollte.

Der Umbau der hinteren Felge gestaltete sich dagegen etwas aufwendiger. Zunächst wurden die Naben der alten XJ-Felge und der neuen FZR-Felge von der vertikalen Mittelachse des Felgenhorns aus vermessen. Die Konturen der beiden Naben wurden ins CAD eingegeben und dann übereinander gelegt. So konnte die Nacharbeit ermittelt werden, die notwendig war, um die Nabe der FZR-Felge auf die Kontur der alten XJ-Nabe zu bringen. Dabei stellte sich jedoch heraus, daß die Hülse mit der Kardanverzahnung, die mit der Nabe der XJ-Felge verschraubt war, nunmehr an der FZR-Nabe keine Befestigungsfläche mehr gehabt hätte, und quasi in der Luft hängen würde. Also mußte in die FZR-Nabe eine Adapterscheibe hineinkonstruiert werden, welche durch Öffnungen im Guß von der Bremsenseite der Felge her eingeschraubt wurde, und ihrerseits wieder die verzahnte Hülse aufnehmen konnte.

Anhand dieser Konstruktionszeichnungen wurde die Felge dann in einer Nachtschicht zusammen mit einem Dreher meines Betriebes überarbeitet. Im Zuge dieser Aktion wurde auch die Adapterscheibe aus Edelstahl und ein Satz neuer, später hochglanzpolierter Distanzen hergestellt.

Nach Überprüfung der Felge auf Paßgenauigkeit in der Schwinge wurde sie wieder zerlegt und zusammen mit der vorderen Felge für die weitere Bearbeitung vorbereitet.

Schöner gehts nicht: das abschließende Ergebnis der Hinterradaufnahme mit Kegelradgehäuse des Kardanantriebes und Bremssattelaufnahme bedarf keiner weiteren Kommentierung. So wird's gemacht.

Langsam wird's: Die Halbschale der Yamaha TRX 850 fügte sich zusammen mit dem Egli-Höcker und dem Serien-Tank bereits harmonisch ins Konzept ein, doch erkannte Joachim Essig die Verkleidung als noch zu mächtig an.

Kurz und gut: Die Essig-XJ 650 mit bereits anmontiertem Auspuff und nun gekürzter Verkleidungs-Halbschale. Letztere erhielt zwei wunderschön gefräste Aluminium-Halter.

Noch vor dem Glasperlenstrahlen wurden die Felgenhörner hochglanzpoliert, da hinterher die Oberfläche zu sehr aufgerauht gewesen wäre, was den Polieraufwand extrem erhöht hätte. Anschließend wurden die polierten Flächen sorgfältig mit stabilem Gewebeband abgeklebt, und die so präparierten Felgen glasperlengestrahlt. Die Kombination aus poliertem Horn und lackiertem Stern macht aus den beiden Felgen echte Schmuckstücke, die den optischen Vergleich mit teuren Zubehörteilen nicht zu scheuen brauchen.

Als wär's wie immer: Formschön und funktionell fügt sich der Verkleidungshalter ein. Fast, so könnte man meinen, handele es sich um ein optimiertes Serienbauteil.

Abschließend wurde beiden Felgen noch ein Satz neuer Radlager spendiert, und Reifen vom Typ Bridgestone BT50 in den Dimensionen 110/70 ZR17 vorne und 140/60 ZR18 hinten aufgezogen.

Hier noch ein Tip zum Thema Radlager: Die alten Lager sollte man ausbauen, Innen- und Außendurchmesser sowie die Breite ausmessen und die neuen Lager dann gemäß Katalog im Maschinenteile-Handel kaufen. Dort kosten sie nämlich einen Bruchteil dessen, was der Zweiradhändler für Original-Ersatzteile verlangt.

Die FZR-Bremszangen vorne und hinten sowie die Teller der vorderen Scheiben wurden zunächst per Beize von ihrer silbergrauen Original-Lackschicht befreit und anschließend mit einem speziellen kratz- und abriebfesten Lack überzogen. Die Verbindung der Bremszylinder mit den Zangen wird von Lucas- Stahlflex-Leitungen mit verchromten Alu-Hohlschrauben übernommen.

Da die vorderen Zangen erwartungsgemäß nicht an die Aufnahmepunkte der XJ-Gabel paßten, mußten auch hierfür Adapter angefertigt werden. Diese wurden auf einer Plasma-Schneidmaschine aus 12 mm starkem Edelstahlblech ausge-

Moderne Zeiten: das Cockpit mit digitalem Tachometer, Drehzahlmesser und Ölthermometer in einer selbstgefertigten Edelstahl-Platte.

brannt, sauber verschliffen, gebohrt und abschließend hochglanzpoliert.

Die hintere Zange konnte mitsamt Bremsanker unverändert übernommen werden. Sie wanderte jedoch um 180° gedreht unter die Schwinge, da oben wegen der Stereo-Federbeine kein Platz gewesen wäre, und weil zudem die untenliegende Bremsmoment-Abstützung der ehemals eingebauten Trommel in vernickeltem Zustand weiterverwendet wurde. Der hintere Bremszylinder sitzt auf einer selbstgefertigten, polierten Edelstahlplatte und wird von der modifizierten Hebelei der Moto-Italia-Fußrastenanlage betätigt. Der mechanische Schalter für das Bremslicht wurde ersetzt durch einen Druckschalter, der aus dem Ersatzteilregal von VW stammt und in einer selbst gefertigten Hohlschraube direkt am Bremszylinder sitzt.

Bereits in den ersten Skizzen und Designentwürfen war vorgesehen, lediglich eine knappe Halbschale zu montieren, um den vernickelten Rahmen und die polierten Alu-Deckel des Motors besser in Szene zu setzen. Der Höcker sollte ebenfalls nur das Nötigste bedecken, und vor allem den Blick auf das freigeräumte Rahmendreieck freigeben. Da mir die Verkleidung der Ende '95 präsentierten YAMAHA TRX 850 außerordentlich gut gefiel, machte ich mich auf die Suche nach einem

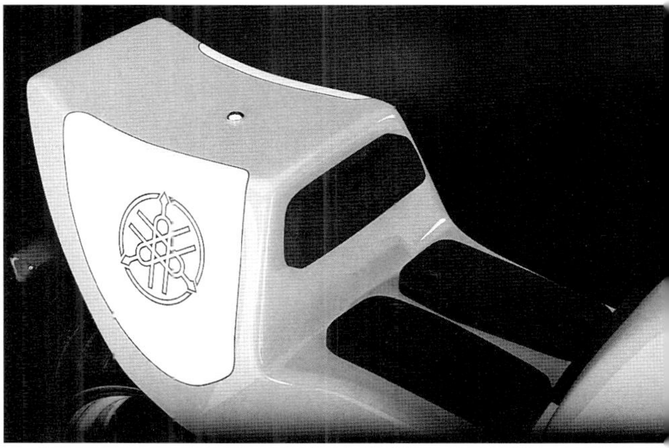

Bonneville läßt grüßen: Der abgewandelte Höcker von der Egli-Kawasaki Bonneville erhielt abschließend noch eine filigrane Polsterung aus 20 Millimeter dickem Moosgummi.

Design oder nicht sein – das ist keine Frage: Mit Aufklebern wurde das Design sozusagen empirisch erarbeitet. Für den, der etwas Formengefühl besitzt, noch lange nicht die schlechteste Methode.

Nachbau dieser Halbschale. Nach Durchsicht der Kataloge verschiedener Anbieter von GfK-Nachbauten fand ich schließlich einen Händler, der in seinem umfangreichen Angebot auch die TRX-Verkleidung, wahlweise mit Aprilia-Doppelscheinwerfern, sowie Höcker aller Art hatte.

Für die Verkleidung wurde zunächst aus Stahlrohr ein Halter entworfen und angefertigt. Zur Verschraubung des GfK-Teils wurden an den unteren Befestigungspunkten Muttern mit M6-Gewinde in die offenen Rohrenden eingeschweißt. An den oberen Punkten wurde das Rohr auf einer Länge von 20 mm im Schraubstock zugedrückt, verschliffen und mit einer Querbohrung versehen.

Die Verkleidung selbst wurde im seitlichen Bereich gekürzt, und mit einer rauchgrau getönten MRA-Scheibe, Miniblinkern sowie einem Formel-1-Spiegel komplettiert. Auf Höhe des Zylinderkopfes wird sie von zwei Platten aus poliertem Aluminium gehalten.

Für den Höcker fiel die Wahl auf einen EGLI-Nachbau, da dieser in seiner klassischen Form – mit einigen Abänderungen – wie geschaffen war für die XJ 650. So wurden die Seitenflanken, die im Original bis unter den Tank und hinunter zur Schwingenlagerung reichen, kurzerhand entfernt. Übrig blieb ein kurzer Bürzel mit kleiner, Moosgummi-gepolsterter Sitzfläche, der sich schwungvoll an den Tank anschließt. Für das Doppelrücklicht Marke Aprilia wurde mittels Epoxid-Harz und Glasfasergewebe ein Halter einlaminiert. Die beiden benötigten Öffnungen wurden mit einer sogenannten Lochsäge ausgesägt, wie sie zum Ausschneiden der Steckdosen-Löcher in Rigips- oder Spanplatten verwendet wird.

Der Vorderradkotflügel ist ein einfaches, im Zubehörhandel erstandenes GfK-Teil, welches an die Aufnahmepunkte der XJ-Gabel angepaßt und auf knappes »Bikini«-Format zurechtgestutzt wurde. Der hintere Kotflügel, der den zweiten Satz Miniblin-

Kaum zu glauben: Selbst Experten rätseln eine Weile, bevor sie dieses Schmuckstück als eine Yamaha XJ 650 entlarven. Denn weder von vorne noch von hinten deutet irgendetwas spontan auf dieses Motorrad hin. Erst die Seitenansicht verschafft dank Karadanantrieb und Motor-Layout etwas mehr Klarheit. Abschließendes Urteil: Eine klare Motivation für jeden Privatmann, der noch ein ein älteres Motorrad im Schuppen stehen hat, handwerkliches Können und eine tolerante Frau besitzt.

ker trägt, wurde aus Edelstahlblech angefertigt und hochglanzpoliert.

Nach langen Überlegungen über Airbrush-Designs im Stil der »Big Bike«-Edelbikes entschied ich mich dann aber für eine eher klassische Lackierung, die dem reiferen Jahrgang meiner alten XJ wohl doch besser zu Gesicht steht. Nichts desto weniger sollte die Ausführung der Lackierung perfekt werden. Deswegen wurde dieser Part auch nahezu komplett einem Fachbetrieb übertragen, lediglich die grobe Vorarbeit, das Abkleben der einzelnen Konturen sowie das Aufbringen der Schriftzüge wurde in Eigenregie erledigt.

Für den Entwurf der Lackierung wurde das Motorrad mit den im Rohzustand montierten GfK-Teilen fotografiert. Die äußeren Konturen wurden dann vom Foto auf eine Klarsichtfolie durchgezeichnet, auf DIN-A 4 hochvergrößert und mehrfach kopiert. Auf diesen Vorlagen konnten dann die verschiedensten Designvarianten entwickelt und miteinander verglichen werden.

Der Originaltank wurde nach Demontage von Benzinhahn und Deckel sowie dem Verschließen der entsprechenden Öffnungen per Sandstrahlen von seiner vorhandenen Lackschicht befreit. An den GfK-Teilen wurden die Schnittkanten sauber verschliffen und die gröbsten Poren verspachtelt. Daraufhin erhielten sie in der Lackierwerkstatt eine dünne Schicht Spritzspachtel und wurden nochmals verschliffen. Mit den jeweils dazwischen liegenden Schleifgängen wurden dann nacheinander Füller, gelbe und weiße Lackschicht, sowie nach Aufkleben der Schriftzüge und Symbole die abschließende Klarlack-Schicht aufgetragen.

Was Farbe ausmacht: Erst im Endzustand, das heißt fertig lackiert, offenbaren Egli-Höcker und Nummernschildhalter ihre volle Schönheit.

Es lohnt sich auf jeden Fall, qualitativ hochwertige Lackierungen vom Profi in einer geeigneten Lackierkabine ausführen zu lassen, anstatt sich selbst in der heimischen Garage daran zu versuchen. Das so erzielte Ergebnis besticht durch absolut perfektes Finish, keinerlei Tropfen, Nasen, Fusseln oder sonstige Fehler in der Lackschicht trüben das Erscheinungsbild.

Das XJ 650-Cockpit wurde samt dem Zündschloß von der Gabelbrücke hinter die Halbschale verpflanzt und komplett überarbeitet. Der mechanische Drehzahlmesser ist eigentlich das einzige, was von ihm übrigblieb. Er sitzt nunmehr in einer hochglanzpolierten Edelstahlplatte, die auch ein Ölthermometer, einen digitalen, beleuchtbaren Fahrradtacho sowie die Anzeige-LED's trägt.

Die Bedienelemente am Lenker wurden komplett zerlegt. Die Alugehäuse der Schaltereinheiten bekamen eine neue schwarze Lackierung, die Hebel für Bremse und Kupplung wurden hochglanzpoliert.

Eigentlich der einzige Schwachpunkt gegen Ende des Dauerbetriebes meiner XJ 650 war der morsche Kabelstrang. Im Bereich des Lenkkopfes traten einige Brüche im Haupt-Kabelbaum auf, die zwar nie für ernsthafte Schwierigkeiten, aber in unregelmäßigen Abständen für den Ausfall von Bremslicht, Hupe und ähnlichen Einrichtungen sorgten.

Die Elektrik erfuhr deshalb eine grundlegende Renovierung. Als theoretische Arbeitsgrundlage diente hierzu ein Schaltplan aus dem XJ-Reparaturhandbuch, der im Copy-Shop von DIN-A 4 auf DIN-A 0 hochvergrößert und an die Werkstattwand gepinnt wurde. Es ist unerläßlich, sämtliche Änderungen am Kabelstrang und der Elektrik in einem solchen Schaltplan zu dokumentieren, da sonst bei späteren Störungen die Fehlersuche zur nervenaufreibenden Glückssache wird.

Alle Elektronik-Bauteile wie CDI-Einheit, Regler usw. wanderten, auf einer Alu-Platte montiert unter die Sitzfläche, die Batterie dahinter unter den Höcker. Anschließend wurden alle, von den einzelnen Aggregaten und Schaltern kommenden Kabelstränge mit neuen mehrpoligen Steckern versehen, die nun nicht mehr im Bereich der Verkleidung, sondern unter dem Tank gesteckt werden. Der Haupt-Kabelbaum wurde im bruchgefährdeten Lenkkopf-Bereich gekürzt, an die neu positionierten Bauteile angepaßt und abschließend mit neuen Steckern versehen.

Das Einziehen neuer Kabel ließ sich bei dieser Aktion leider nicht ganz umgehen. Da kein Elektronikfachgeschäft derart viele verschiedenfarbige Kabel führt, wie sie an einem japanischen Motorrad verwendet werden, wurde ausgewichen auf schwarze Leitungen mit aufgedruckten fortlaufenden Nummern im Querschnitt 1,5 mm², wie sie im Schaltschrank-Bau verwendet werden. Die alten Kabel wurden dabei mit den neuen Gegenstücken verlötet und die Lötstellen anschließend mit Schrumpfschlauch überzogen. Die Nummern der neu eingezogenen Leitungen wurden im Schaltplan eingetragen. Abschließend wurde der modifizierte Kabelbaum mit schwarzer Spiralhülle umwickelt, und mit Kabelbinder am Rahmen fixiert.

Nach all diesen Veredelungsarbeiten waren dann schließlich etwa 280 Arbeitsstunden angefallen, verteilt auf einen Zeitraum von April '96 bis Oktober '97. Über sämtliche Umbaumaßnahmen wurde in dieser Zeit detailliert Tagebuch geführt, der Arbeitsfortschritt wurde durch regelmäßiges Fotografieren der jeweils in Arbeit befindlichen Teile dokumentiert.

Ein Freund konnte helfen: Den Yamaha-Schriftzug und ebenso das traditionelle Logo mit den drei gekreuzten Stimmgabeln fertigte ein Bekannter mit einem Folien-Schnittcomputer.

Auch wenn es Anfangs einige Überwindung gekostet hat, an eigentlich intakten Bauteilen die Säge anzusetzen, so hat es doch einen Riesenspaß gemacht, an der Maschine zu arbeiten, und mit der Zeit das neue Motorrad heranwachsen zu sehen. Im Nachhinein betrachtet hat sich der Aufwand auf jeden Fall gelohnt, das Ergebnis in Form des vorliegenden Edelbikes entschädigt für alle Mühen und Kosten.

Um die spätere TÜV-Abnahme zu vereinfachen, sollte auf jeden Fall bereits vor Beginn der Arbeiten mit der nächsten Typenprüfstelle Kontakt aufgenommen werden, und die geplanten Umbaumaßnahmen mit dem zuständigen Prüfer durchgesprochen werden. Bereits im März '96 hatte ich deshalb ein Gespräch mit der Typenprüfstelle Böblingen, in dessen Verlauf der gesamte Umbau, inklusive Modifizierung des Rahmens sowie Austausch der Räder und Bremsen dargelegt wurde. Die Aussage des TÜV-Ingenieurs, daß bei einer fachgerechten und sauberen Ausführung der Arbeiten einer Abnahme nichts im Wege stehen würde, gab mir die Sicherheit, daß das ganze Vorhaben nicht zuletzt am TÜV scheitern könnte. Die Abnahme in Böblingen ist für das Frühjahr '98 geplant, sobald die Abstimmung der Vergaserbedüsung und die ersten Testfahrten absolviert sind. Bleibt dann nur noch das Problem, der Maschine einen standesgemäßen Ehrenplatz zukommen zu lassen. Ich bin allerdings sicher, daß sich auch dafür eine Lösung finden wird.

Technische Daten Essig-Edelbike Yamaha XJ 650	
Motor:	*Luftgekühlter Viertakt-Vierzylinder aus Yamaha XJ 650, 653 cm³, 71 PS, Serien-Vergaser Hitachi HSC 32*
Fahrwerk:	*Rahmen, Gabel, Schwinge von Yamaha XJ 650, Koni-Federbeine*
Vorderrad:	*3 x 17"*
Hinterrad:	*4 x 18"*
Radstand:	*1435 mm*
Lenkkopfwinkel:	*62 Grad 15 Minuten*
Nachlauf:	*115 mm*
Bremse vorn:	*Yamaha FZR 600*
Bremse hinten:	*Yamaha FZR 600*
Tankinhalt:	*19,5 Liter*
Gewicht:	*200 Kilogramm*
Höchstgeschwindigkeit:	*197 km/h*
Bauzeit:	*1,5 Jahre (280 Arbeitsstunden)*
Baujahr:	*1997*
Baukosten:	*ca. 8000 Mark für Teile und Fremdarbeiten ohne Arbeitszeit und Basis-Motorrad*
Kontaktadresse:	*Joachim Essig Laxouer Str. 22 73540 Heubach Tel. 07173/12820*

Formvollendeter Modellbau: Jochen Ziegler

Jochen Ziegler ist im Hauptberuf Modellbauer. Das verpflichtet natürlich zu gutem Design. Das beweist er immer wieder durch seine formvollendeten Edelbikes, egal ob es sich nun um eine Suzuki GSX 1100 im Spider-Design oder eine ganz spezielle Yamaha handelt.

Spider-Fan

Spinnen hilft beim Aufbau eines Edelbikes, soviel ist klar. Jochen Ziegler übertrug diesen Leitsatz in ein Spinnennetz-Design für eine Suzuki.

Den Schwaben ist, so sagt man, eine Tugend eigen, die als höchstes Ziel die Erhaltung bestehender Werte in jeder erdenklichen Form beinhaltet. Das Fallobst vergammelt nicht unter dem Baum, daraus preßt man Most. Alte Pfannenkuchen finden sich in der Flädlesupp´ wieder, ausgediente T-Shirts bekommen ihr Gnadenbrot als Putzlumpen. Und aus einer alten Suzuki Katana wird ein Edelbike. So definiert sich der Schwaben Lebenszweck: Nix verkomme lasse.

Jochen Ziegler ist ein waschechter Vertreter jenes Volksstamms aus dem süddeutschen Raum, in dem vor über 100 Jahren immerhin von Carl Benz das Motorrad und das Automobil erfunden wurde. Nicht, daß Jochen Ziegler, in seinem normalen Leben als Modellbauer bei der Autofirma mit dem guten Stern in Lohn und Brot, ähnli-

Spider-Fan's Dienstfahrzeug: Eine alte luftgekühlte 1100er Suzuki erstrahlte nach Jochen Zieglers heftigen Umbauaktionen in neuem Glanz.

Rot-Signal: Der robuste und knapp 100 PS starke Vierzylinder mußte sich eine optische Überarbeitung gefallen lassen. Gehäuselackierung in hitzebeständigem, rotem Lack sowie hochglanzpolierte Gehäusedeckel.

Durchsiebt: Zahlreiche Bohrungen in der Fußrastenanlage bringen minimale Gewichtsersparnis und eine sportliche Optik.

che revolutionierende Erfindungen gemacht hätte. Aber Ziegler, am Fuße der Schwäbischen Alb in Reutlingen-Mittelstadt zuhause und eher in seiner Werkstatt daheim, pflegt in seiner Freizeit ein Hobby, das in Abwandlung einer anderen landläufigen schwäbischen Tugend so benannt werden muß: Schaffe, schaffe, Motorrädle baue.

Eine Katana, eine alte 1100er Suzuki sollte es sein, die unserer Wegwerfgesellschaft entronnen, dank den sensiblen Händen des Modellbauers in ihr zweites, blühendes Leben überführt würde.

Der Baubeginn hatte sich etwas verzögert – ein Autofahrer hatte für eine längere Zwangspause gesorgt. Zeit, in der nachgedacht werden konnte, über das, was war und das, was kommen sollte. Mit 20 hatte alles angefangen, bezeichnenderweise ebenfalls mit einer Katana und mit einem Speer-Umbau. Die Honda CBR 1000 danach hatte nach 1500 Kilometern einfach keinen Spaß mehr gemacht. Es sollte wieder eine Katana sein, zu deren Umbau die Idee im Krankenbett beim Studium einer englischen Fachzeitschrift reifte. Ziegler orientierte sich an optischen Perfektionierungen.

Im August 1994 war Baubeginn: Teile einer 92er GSX-R, deren Motor verendet war, waren als Zutaten willkommen, zum Beispiel die Gabel und das rollende Gut mit 3,5 Zoll und 5,5 Zoll breiten 17 Zoll-Rädern, die Schwinge, die er umgearbeitet hat, ebenso die Fußrasten. Das Rahmenheck hörte früher auf den Namen Yamaha FJ 1200, bis es verkürzt und passend gemacht wurde. Die Form fertigte Modellbauer Ziegler selbst aus Ton, nahm ein Negativ ab und laminierte das gute Teil. Die Lampenverkleidung kommt ebenfalls aus dem Hause Ziegler und wurde aus einer Hartschaum-Form geboren.

Dann kam noch Rainer Ulrich, der Rohrbieger und bog den Anfang der Edelstahlauspuffanlage, dessen Doppel-Endteil wiederum Meister Ziegler schuf.

Als Malermeister Hardy Meiser schließlich Hand an die Spritzpistole legte, kam Jochen Ziegler die ultimative Design-Idee: »Das Spinnennetz auf dem Tank macht doch einen guten Blickfang, oder?«

Sicher, man könnte noch viel mehr machen, zum Beispiel dem roten Triebwerk mehr Leistung einbauen, oder die Vergaser polieren, oder ...

Aber dem Schwaben war´s recht so. Die 98 PS reichen ihm, das ist eher Nebensache wie auch die geschätzte Höchstgeschwindigkeit von 245 km/h.

Wichtiger ist ihm, daß die Spinne TÜV hat (Anm. d. Red.: Die hintere Radabdeckung wurde für die Photos abgebaut.) »Ich habe mit dem TÜV-Mann gesprochen, was machbar ist, dann habe ich die Sachen umgebaut. Nur so macht das Sinn. Wir haben uns überlegt, welche Lösungen in Frage kommen und dann habe ich darauf hingearbeitet. Was schließlich auch billiger ist, als wild draufloszuschrauben, um anschließend alles wieder zu ändern.«

Martialisch: Kleine, aus GfK selbstgefertigte Lenkerverkleidung, ein hoher Lenker und leicht aufragende Instrumente garantieren eine Streetfighter-gerechte Fronsilhouette.

Übernommen: Die Instrumente mit dem im Vordergrund stehenden Drehzahlmesser stammen von einer Suzuki GSX-R.

Interessante Kombination: Alter Rahmen, alter Motor, aber moderne Upside-down-Gabel nebst Bremsanlage sowie eine zeitgemäße und show-trächtige Streetfighter-Optik.

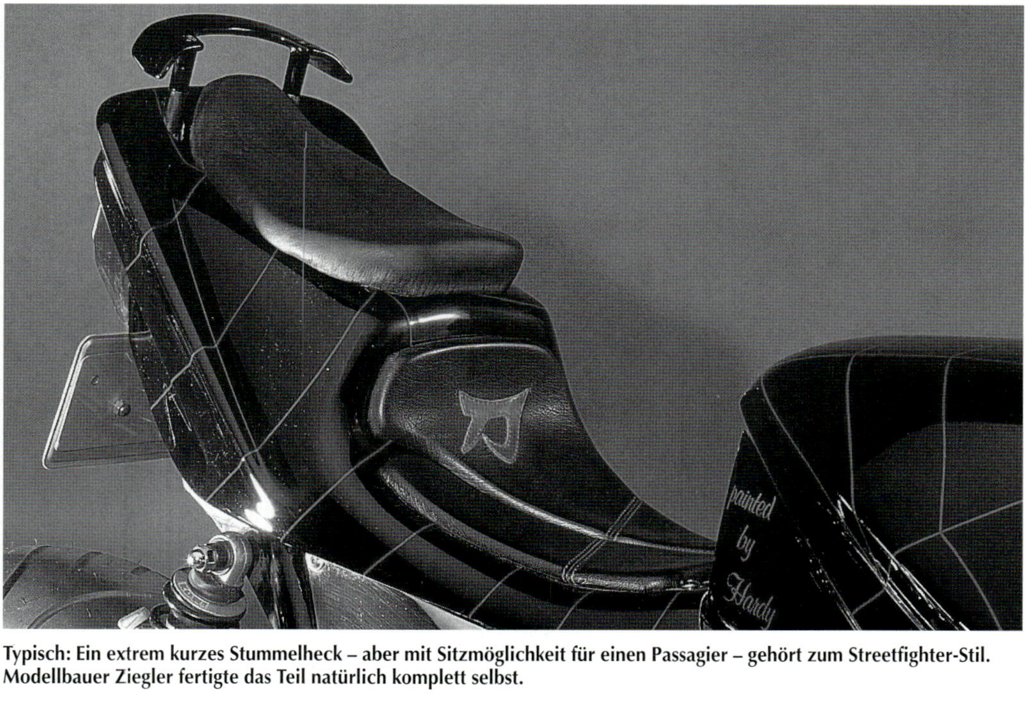

Typisch: Ein extrem kurzes Stummelheck – aber mit Sitzmöglichkeit für einen Passagier – gehört zum Streetfighter-Stil. Modellbauer Ziegler fertigte das Teil natürlich komplett selbst.

Nicht wieder zu erkennen: Nur geschulte Augen tippen bei der Frontansicht auf die alte Suzuki. Verräterisch sind vor allem die herausragenden Motordeckel für Zündung und Lichtmaschine.

Gibt selbst Experten keine Chance zur Erkennung: Die Heckansicht der Suzuki ist völlig eigenständig. Es ist eine 'Ziegler' – nichts anderes.

Rund acht Monate Bauzeit gingen ins Schwabenland. Normalerweise steht man als Erschaffer eines solchen Werkes vor seinem Stolz und zieht Bilanz: Wieviel Stunden, wieviel Mark, wieviel Nachtschichten? »Nichts da«, meint Ziegler, »Ich denke nicht dran, sonst tut´s mir weh.«

Immerhin, so läßt er sich´s entlocken, seien »so um die 20 000 Mark dabei draufgegangen.« Aber er hat noch die gleiche Freundin, das ist schon mal wichtig. Und wer sich für einen Umbau interessiert: Das Heckteil und die Lenkerverkleidung gedenkt er für Interessenten nachzubauen. Vielleicht möchte aber auch jemand die Spinne am Stück erwerben. Und womöglich ist auch ein Interessent dabei, der im Gegenzug etwas anzubieten hat für das nächste Projekt. Eine Suzuki Bandit steht auf dem Programm, am liebsten eine Unfallmaschine als Basis.

Den Sinnspruch kennen alle Schwaben. »Von nix kommt nix, ond nur so kommt mer zu was.«

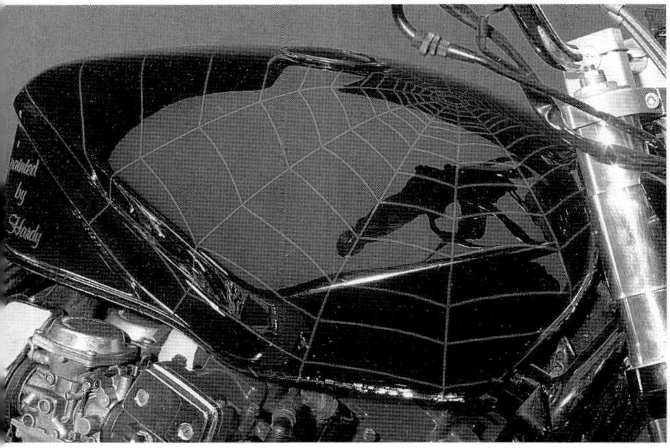

Ins Netz gegangen: Das Spinnen-Design sucht seinesgleichen, ist zeitaufwendig aber selbst für Lackier-Anfänger noch relativ einfach herzustellen.

Perfekt gebaut: Die Endrohre des Doppelrohrschalldämpfers lassen sich mittels einer Verschraubung leicht demontieren.

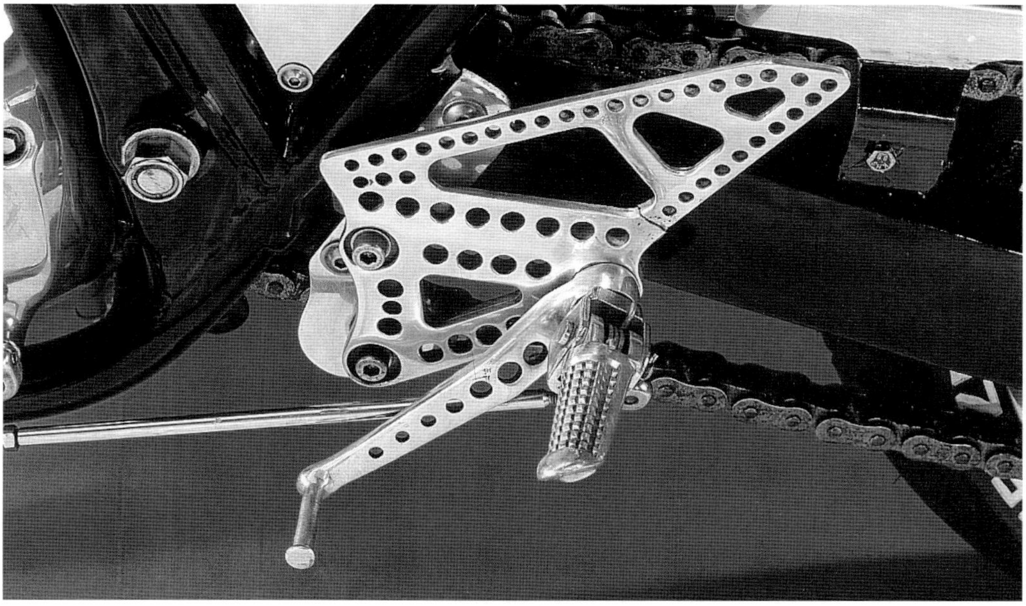

Poliertrieb: Neben erleichternden und verzierenden Bohrungen erhielten die Fußrasten auch eine Hochglanzpolitur mit Schwabbel, Wachs und Bohrmaschine.

Am Anfang war das Modell: Wie hier bei einer Suzuki arbeitet Jochen Ziegler zunächst ein Positiv-Modell für seine Sitzbänke heraus.

Gib dir die Kante: Aufgrund der Hinterschneidungen in der Sitzbank wäre eine einteilige Negativform später nicht mehr vom Modell zu trennen. Deshalb wird eine mittige Trennkante angelegt, über die sich die beiden Formhälften später verschrauben lassen.

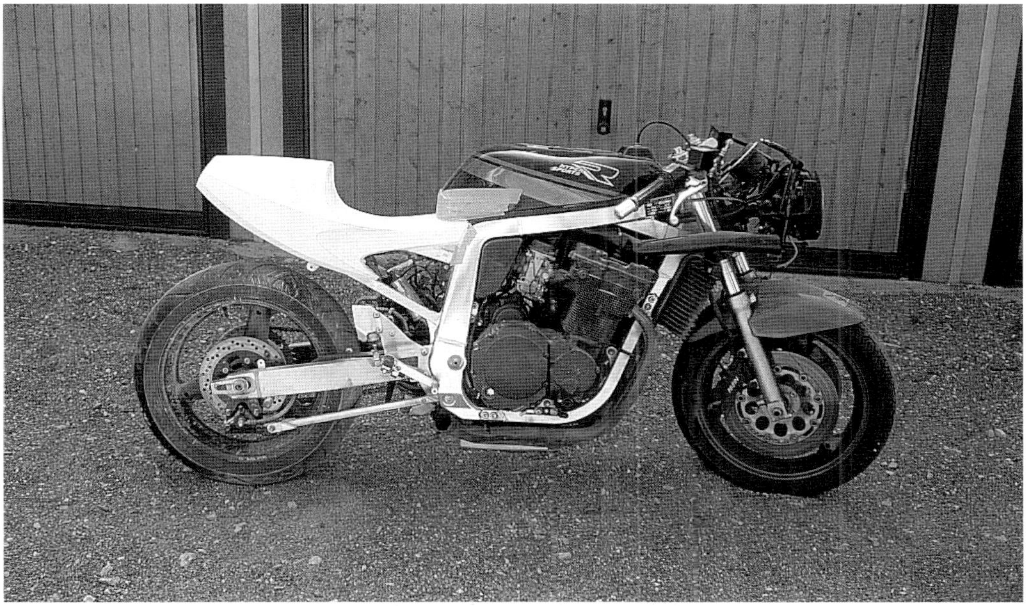

Wichtig: Neben der Funktion ist auch die Form wichtig. Im Falle dieser Suzuki GSX-R fügt sich die Sitzbank harmonisch in die bestehenden Linien ein.

Getrennte Wege: Vor der Laminiervorgang begonnen werden kann, erhält das Modell einen Überzug mit grünem Trennlack, der das spätere Entformen zum Kinderspiel macht.

Eins nach dem anderen: Der Trennlack wird zunächst auf eine Seite aufgebracht, dann wird laminiert, und nach dem Aushärten wird die Trennkante entfernt und die zweite Formhälfte analog gebaut.

Fertig: Die lackierte Sitzbank fertig montiert.Von der vielen Arbeit ist kaum mehr etwas zu erkennen. Sie fügt sich Streetfighter-gerecht kurz ...

... sowie überdies schmal und schlank in die Gesamtsilhouette der GSX-R ein.

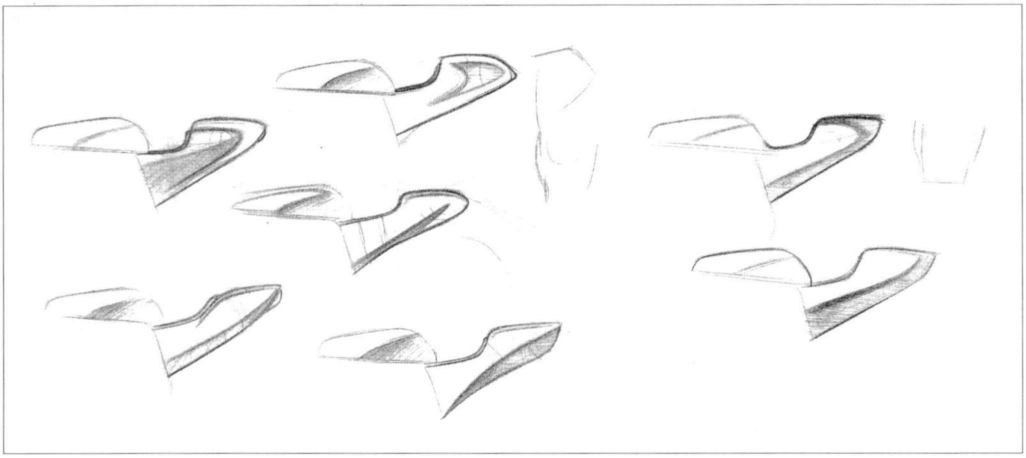

Ein langer Weg: Vor jede Sitzbank (oder jedes andere Bauteil) hat der professionelle Designer die Entwürfe auf Papier gesetzt. Zahlreiche verschiedene Varianten herauszuarbeiten, bringen letztlich erst das optimale Ergebnis.

Wie es sich für diese Stilrichtung gehört, gibt das Bauteil den Blick auf den Hinterradreifen frei. Zulassungsvorschriftlich wäre allerdings der fehlende Spritzschutz zu montieren.

Australische Impressionen

Der Appetit kommt mit dem Essen, sagt der Volksmund, und dem Katana-Hauptgericht folgte, als Nachspeise, eine Yamaha FZR 1000.

Souvenir, Souvenir – Sonne, Meer und endlose Highways: Diese Impressionen von einem Australienurlaub stellte Bernd Mück zusammen mit Freund Jochen Ziegler auf die beiden Räder einer Yamaha FZR 1000. Wo sich das Asphaltband in der flimmernden Hitze am Horizont verliert und die Entfernungen nicht in Meilen, sondern in der Anzahl leergetrunkener Bierdosen gemessen wird, dort hat Bernd Mück aus Neckartailfingen bei Stuttgart sein Herz verloren:

»Als ich 1993 für fünf Wochen durch Australien reiste, zog mich dieses Land sofort in seinen Bann.«

Zurück in Deutschland schlummerte diese Begeisterung für das Land »down under«, aber zunächst im Verborgenen. Direkt nach seiner Rückkehr dachte Bernd nicht im Traum daran, daß sich diese nachhaltigen Eindrücke einmal in einem speziellen Motorrad niederschlagen würden. Bis zu dem Tag, als Mücks Yamaha FZR 1000, Baujahr 1994, bei einem Motorradtreffen im Stubaital mit ramponierter Verkleidung auf der Seite lag. »Das war der Auslöser für die Idee, einen Teil meiner Australien-Impressionen in Form eines Umbaus der Maschine umzusetzen«, schildert der motorradbegeisterte Transportunternehmer.

Unterstützt wurde er bei diesem Unterfangen von seinem Freund Jochen Ziegler. Der gelernte Modellbauer hatte bereits einmal eine FZR 1000 zum Edelbike umgebaut und entwarf ein Design für das Australien-Bike. »Da die Technik der

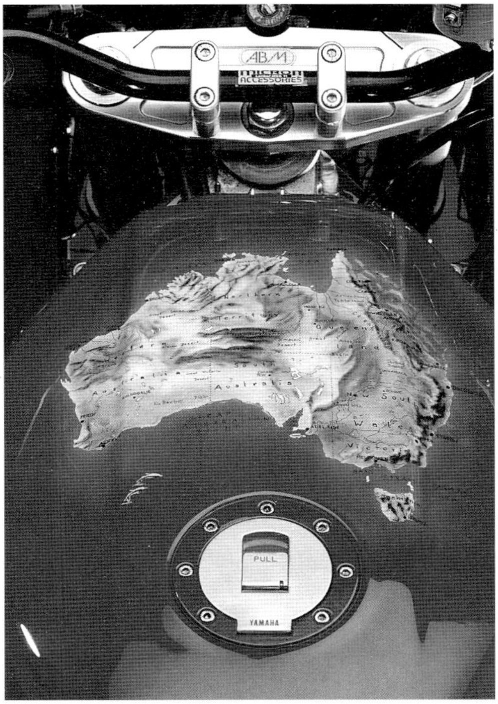

Ein Kleinod: Der australische Kontinent, mittels Airbrushtechnik auf den Tank lackiert, weckt beim Fahrer Erinnerungen.

Ein Herz für Tiere: Das Känguruh darf auf einem Australien-Bike natürlich nicht fehlen.

Yamaha down-under: Ein faszinierender Urlaub in Australien gab den Anlaß für den Umbau einer Yamaha FZR 1000.

FZR 1000 unseres Erachtens bereits sehr ausgereift ist, konzentrieren wir uns vor allem auf die optische Umgestaltung«, gab der 30jährige als Devise aus.

Doch ein bißchen mehr Power durfte es dann schon sein. So atmet der kräftige Vierzylinder jetzt durch K&N-Luftfilter, und die Vergaser wurden mit einem Dynojet-Kit der Stufe drei gepusht. Ein Aluminium-Endtopf des Auspuffanlagenherstellers BOS reduzierte schließlich das Gewicht und verlieh der FZR 1000 eine individuellere und schlankere Optik. »Mehr wollten wir am Motor nicht verändern – unser Hauptaugenmerk galt der optischen Aufwertung der Maschine«, unterstreicht Edelbiker Bernd Mück nochmals.

Die Bremsanlage seiner »down under« entspricht der Serie, lediglich ein Satz Stahlflexbremsleitungen verbessert den Druckpunkt. Auch bei den Federelementen vertraute das Team Mück/Ziegler auf gut funktionierendes Serienmaterial. Selbst die Räder sehen lediglich aus wie teure Zubehörteile und sind tatsächlich mit viel Liebe zum Detail veredelter FZR 1000-Standard. So wurden die Felgen zunächst hauchdünn abgedreht und danach hochglanzpoliert. Die mächtigen Leichtmetallspeichen unterzog Ziegler ebenfalls einer ausgiebigen Nachbearbeitung und lackierte sie anschließend. Die solide obere Gabelbrücke kommt hingegen von Zubehörlieferant ABM und trägt einen breiten Superbike-Lenker.

Das besondere Highlight der Mück-FZR 1000 ist jedoch das Hinterteil. Nachdem das Rahmenheck zunächst kräftig erleichtert wurde, entwarf Jochen Ziegler zunächst ein Sitzbankmodell aus Hartschaum. Hauptziel war neben einer gefälligeren Form auch eine radikal niedrigere Sitzposition. Der Fahrer hockte nun nur noch knapp 20 Millimeter über der Rahmenoberkante. Der aus einer teilbaren Negativform aus Glasfaser herauslaminierte Sitzbankhöcker selbst ruht auf einer Rohrkonstruktion aus Stahl und besitzt den Segen des TüV. »Da wir alle Änderungen zuvor mit den Prüfern absprachen, gab's sogar eine Zweipersonenzulassung«, freut sich Jochen Ziegler, der den Umbau auch zum Verkauf anbietet.

Bei der Lackierung ging der Modellbauer nochmals eigene Wege. »Ich wollte die massiven Rahmenprofile in das Design integrieren, so daß teilweise poliert und an anderen Stellen lackiert wurde«, erklärt der Reutlinger.

Total blau: Selbst die Sechskolben-Festsattel-Bremszangen mußten eine Überarbeitung in Form einer geänderten Farbgebung über sich ergehen lassen.

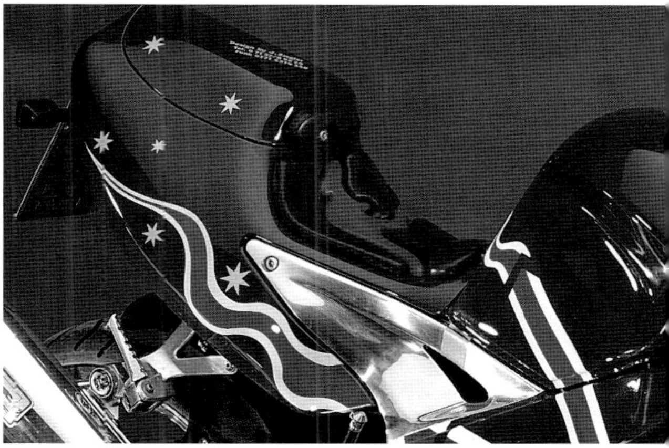

Wer nicht poliert, verliert: Die beiden gegossenen Ausleger fürs Rahmenheck wurden selbstverständlich auch ein Opfer der Schwabbelscheibe.

Ein ganz besonderer Hingucker ist in der Tat die Tanklackierung: Sie zeigt den fünften Kontinent in allen Einzelheiten in Form einer Landkarte. Quasi als Sahnehäubchen seines Design-Bikes entwarf Ziegler die Sitzbankpolsterung aus edlem Ziegenleder – hier stand ein australisches Verkehrsschild Pate, das vor Känguruhs warnt. »Und die Sterne am Heck zeigen das legendäre Kreuz des Südens«, erklärt Mück mit leuchtenden Augen seine Detailversessenheit.

Der Australien-Virus hat ihn wirklich voll erwischt, doch Heilung ist in Sicht. Nicht nur, daß sein »down under«-Bike das Fernweh mildert, den nächsten Flug auf den fünften Kontinent hatte Mück rasch gebucht – und kam wenig später auch nicht mehr nach Deutschland zurück.

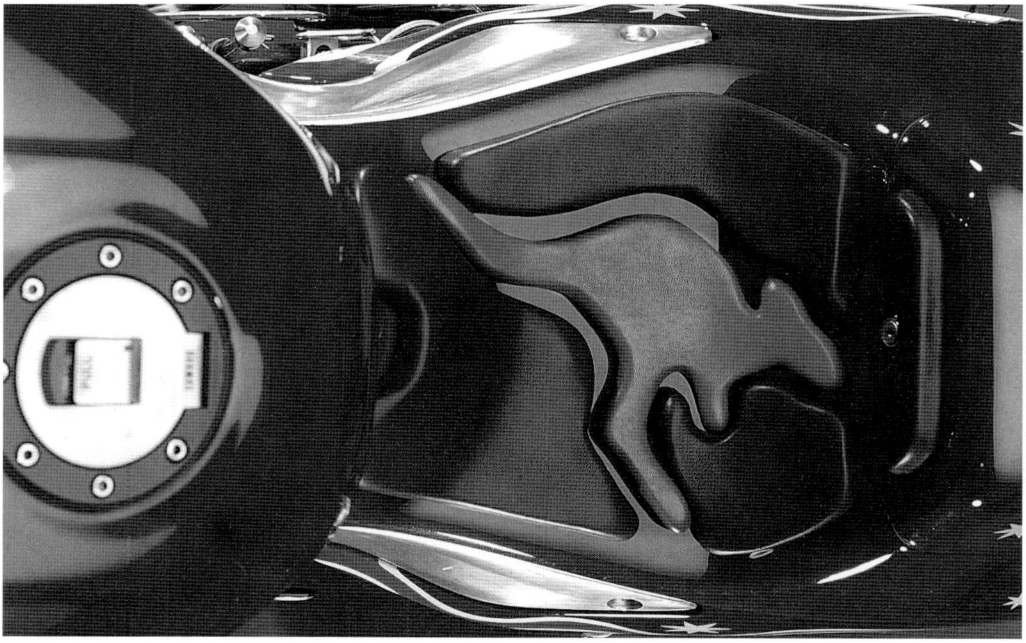

Schmuck, schmuck: Fast zu schade zum Draufsitzen ist das Sitzbankpolster im stilechten Känguruh-Design.

Auch poliert: Analog zum Hinterrad wurde das Vorderrad ebenfalls poliert und lackiert.

Leichter und schöner: Der schlanke und polierte BOS-Auspuff paßt viel besser zur 'Down-under' als das voluminöse Serienteil.

Yamaha a la carbonara: Die Hinterradabdeckung wurde aus leichtem und stabilem Kohlefaserlaminat gefertigt.

Flach, Mann: Dank einer niedrigeren Verkleidungsscheibe wirkt die FZR 1000 nun viel gedrungener.

Organischer Abschluß: mit der kurzen und schmalen Sitzbank wirkt die 'Down-under' schon beinahe zierlich.

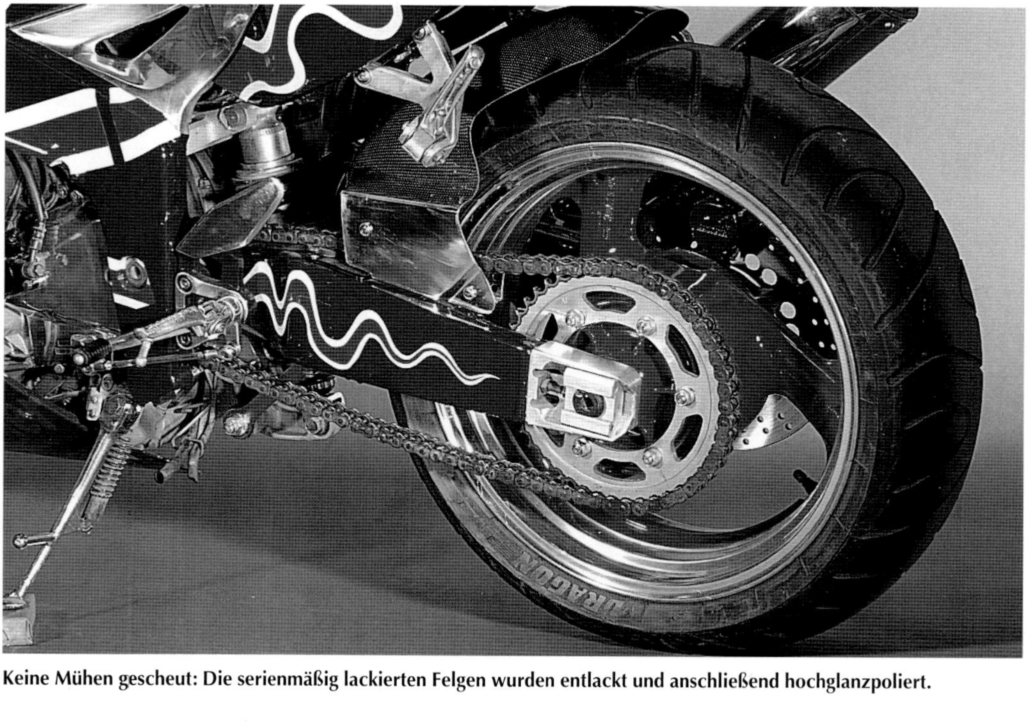

Keine Mühen gescheut: Die serienmäßig lackierten Felgen wurden entlackt und anschließend hochglanzpoliert.

Technische Daten Ziegler-Edelbike Suzuki GSX 1100	
Motor:	*Luftgekühlter Viertakt-Reihenvierzylinder aus Suzuki GSX 1100, Hubraum 1075 cm³, 93 PS*
Fahrwerk:	*Serienrahmen GSX 1100 mit Upside-down-Gabel von Suzuki GSX-R 750 und Rahmenheck von Yamaha FJ 1200*
Vorderrad:	*3,5 x 17" von Suzuki GSX-R 750 mit 120/70-17 Pirelli Dragon MTR 01 Corsa*
Hinterrad:	*5,5 x 17" von Suzuki GSX-R 750 mit 180/55-17 Pirelli Dragon MTR 02 Corsa*
Radstand:	*1530 mm*
Lenkkopfwinkel:	*63 Grad*
Nachlauf:	*100 mm*
Bremse vorn:	*Zwei Vierkolben-Festsattelzangen inklusive Bremsscheiben von Suzuki GSX-R 750*
Bremse hinten:	*Eine Zweikolben-Festsattelzange inklusive Bremsscheibe von Suzuki GSX-R 750*
Tankinhalt:	*21 Liter*
Gewicht:	*245 Kilogramm*
Höchstgeschwindigkeit:	*245 km/h*
Bauzeit:	*8 Monate*
Baujahr:	*1994/1995*
Baukosten:	*ca. 20000 Mark*
Kontaktadresse:	*Jochen Ziegler Taläckerstr. 9 72766 Mittelstadt Tel.: 07127/89820*

Technische Daten Mück-Edelbike Yamaha FZR 1000	
Motor:	*Wassergekühlter Viertakt-Reihenvierzylinder aus Yamaha FZR 1000, Hubraum 1003 cm³, ca. 158 PS*
Fahrwerk:	*Serienrahmen FZR 1000*
Vorderrad:	*3,5 x 17" von FZR 1000 mit 120/70-17 Pirelli Dragon MTR 01 Corsa*
Hinterrad:	*5,5 x 17" von FZR 1000 mit 180/55-17 Pirelli Dragon MTR 02 Corsa*
Radstand:	*1470 mm*
Lenkkopfwinkel:	*64 Grad*
Nachlauf:	*108 mm*
Bremse vorn:	*Zwei Sechskolben-Festsattelzangen mit Stahlflex-Bremsleitungen und Srienbremsscheiben 320 mm von FZR 1000*
Bremse hinten:	*Ein Zweikolben-Festsattel mit Stahlflex-Bremsleitung und Serienscheibe FZR 1000*
Tankinhalt:	*19 Liter*
Gewicht:	*220 Kilogramm*
Höchstgeschwindigkeit:	*ca. 250 km/h*
Bauzeit:	*3 Monate*
Baujahr:	*1995*
Baukosten:	*25000 Mark*
Kontaktadresse:	*Jochen Ziegler Taläckerstr. 9 72766 Mittelstadt Tel.: 07127/89820*

Bilderbogen

Die 21 schönsten PS-Edelbikes

Das erste PS-Edelbike überhaupt: Ein Ducati Königswellen-Motor im Spondon-Fahrwerk. Prädikat Super-Edel!

Das erste Designer-Bike in PS: Die Motorcorner Motion II brachte Farbe, Form und Yamaha-Technik zusammen.

Oldie but Goldie: Wer sagt, eine 1000er Laverda gehöre zum Alteisen, hat möglicherweise diese Maschine nicht gesehen.

Der erste Streetfighter in PS: Die MIZU auf Basis eines Zentralrohrrahmens und eines 1100er Suzuki-Motors.

Der Überhammer: Wer sagt eine 1000er Laverda sei keine Basis für einen Supersportler, wird hier berichtigt.

Kult, die Erste: Alte Kawasaki Z 900 mit vernickeltem Z1-R-Rahmen, Einarmschwinge und Super-Finish. Klasse!

Moderne Zeiten: Ein älteres, luftgekühltes Kawasaki-Triebwerk kam mittels Martin-Fahrwerk zu supersportlichen Ehren

Da lacht die Drag-Maid: 280 PS und ein hübsches Model zeichneten den ersten PS-Edelbike-Dragster aus.

Elefantöses Edelbike: Eine bis in die letzte Schraube perfekt aufgebaute Münch Mammutt. Muß man gesehen haben!

Heißa HESA: Nicht wieder zu erkennen war die Honda CBR 900 als Nadelstreifen-Streetfighter von HESA.

Das erste PS-Edelbike mit Kompressor: Eine 500er Ducati mit angeflanschtem Roots-Kompressor eines Traktors.

Steambock Feaver: Diese Z 900 hat Dampf dank Turbolader, und das Finish könnte nicht besser sein.

Zentral-Rad: Das Thema Naked-Bike einmal völlig anders mittels Moko-Zentralrohrrahmen und Suzuki-Motor interpretiert.

Seit Jahren der Szene-Treff schlechthin: Die PS-Edelbike-Ausstellungen (hier bei der MOTORRAD-POWER in Sindelfingen) sind über die Landesgrenzen hinaus bekannt.

Von wegen nur Rennen fahren: Auch die Grand Prix-Rennfahrer Ralf Waldmann und Dirk Raudies sind von den Edelbikes fasziniert.

Vorsicht, Gelb-Fieber! Bei dieser Kawasaki ZZ-R 1100 kommt das Blut auf Temperatur – wenig Gewicht und 'ausreichend' Leistung sei's gedankt.

Sechs-Appeal: Rote Egli-Honda CBX, Roter Ferrari und schöne Frau. das fand sich bei einem Edelbike-Treffen in der Schweiz.

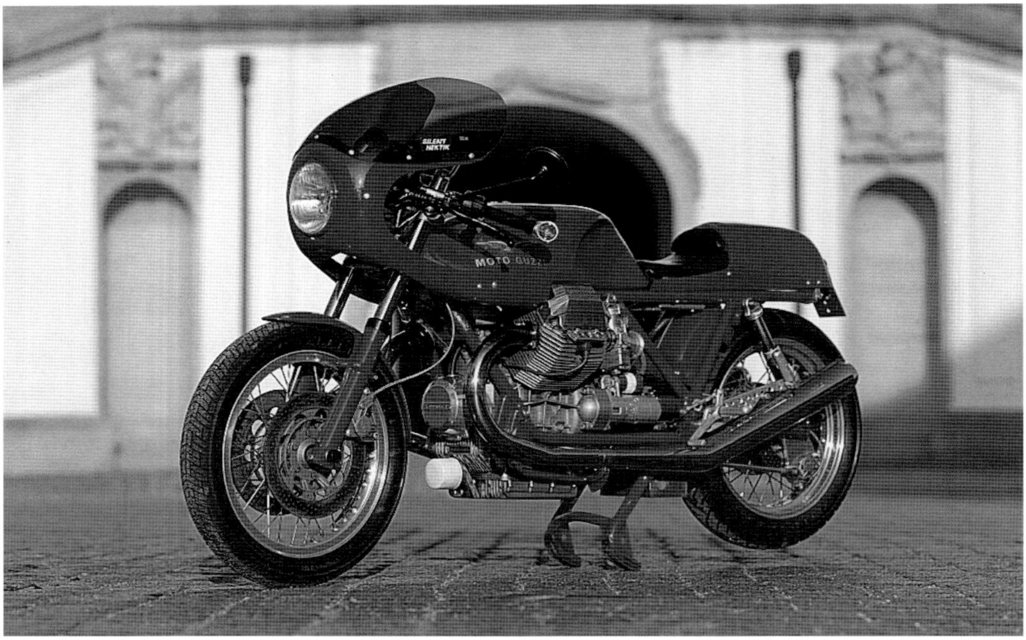

Guzzi ist nur für alte Fuzzis? Daß dem nicht so ist, bewies diese supersportlich aufgebaute 1000er aus Mandello.

Es ist nicht alles Gold, was glänzt: Im Falle des Rahmens dieser Ducati 916 aber schon. Einfach goldig!

Faszination Zweizylinder: Zum gechoppten Harley-Twin aus Milwaukee gehörte schon immer ein Mädel.

Guzzi ist nur Männersache? Da lachte zumindest das Model herzlich auf der grünen 'Light'.

TüV und Edelbikes

Zwei Welten prallen aufeinander

Ein Motorrad nach eigenen Vorstellungen zu bauen ist die eine, dafür eine Straßenzulassung zu bekommen, die andere Sache. Doch beides läßt sich unter einen Hut bringen, wenn man nicht nur die geltenden Vorschriften, sondern auch einige 'Spielregeln' einhält.

Gerade im Fahrzeugbereich sind die TüV-Prüfer mittlerweile sehr hellhörig geworden, was technische Änderungen anbelangt – und das nicht zu unrecht. Teilweise ist es denn auch schon abenteuerlich, was sich »Tuner« – übrigens private wie kommerzielle – alles einfallen lassen. Da werden Fahrwerke etwa von zwei direkt angelegten Federbeinen auf ein Zentralfederbein mit Hebelumlenkung umgebaut, und die Umlenkhebelei dabei einfach nur in den beiden dünnen Blech-Haltelaschen des ehemaligen Hauptständers gelagert. Das ist nicht nur aus konstruktiver Sicht verwerflich, sondern einfach lebensgefährlich.

Grundregel eins lautet also: Die Form folgt der Funktion und nicht umgekehrt. Oder anders gesagt: Die geistreichste Lösung ist schlecht, wenn sie nicht zuverlässig funktioniert.

Deshalb empfehle ich allen, die sich mit dem Selbstbau eines Motorrades befassen, sich vor dem Ansetzen von Fräser und Säge eingehend mit dem zuständigen TüV-Prüfer zu unterhalten. Daß der TüV solchen Unterfangen grundsätzlich unkooperativ und engstirnig gegenüber steht, ist ein klassisches Ammenmärchen. Das Gegenteil ist der Fall. In den Typ-Prüfzentren – und nur diese sollten sie im Falle eines Eigenbaus konsultieren – sitzen spezialisierte Diplom-Ingenieure, die nicht nur ihr Handwerk verstehen, sondern überdies auch oft selbst aktive Motorradfahrer sind. Fachliche Kompetenz und Motorradlust kommt einem Edelbike-Projekt hier also nur zu Gute.

Regel zwei lautet: Informieren Sie sich über die geltenden Bauvorschriften der StVzO, der Straßenverkehrszulassungsordnung. Für die Montage von Blinkern gelten nämlich ebenso festgelegte Werte wie etwa für die Länge von Sitzbänken. Außerdem bestehen etwa für die Abgasbestimmungen sowohl Vorschriften als auch Ausnahmegenehmigungen. So sind zum Beispiel Motorräder, die vor dem 1.10.1988 zugelassen wurden, von Abgasmessungen befreit. Dies etwa erleichtert den Bau von Auspuffanlagen oder Luftfilteranlagen erheblich, da dann nur Geräuschmessungen notwendig werden. Liegt das Zulassungsdatum im späteren Zeitraum, addiert sich eine kosten- und arbeitsintensive Abgasmessung hinzu.

Für alle, die sich mit dem Selbstbau eines Motorrades befassen, habe ich im Anhang eine kleine Literatur-Liste zusammengestellt. Und daraus folgt auch schon Regel Nummer drei: Studieren geht über Probieren. Besser, Sie lesen sich zunächst in die Materie ein , bevor Sie überhaupt planen.

Spezialisten

Ablaugen

W. Hill Ablaugebetrieb GmbH
Max-Eyth-Straße 8
71686 Remseck-Aldingen

Auspuffanlagen

Devil
M. Kloos
Marktzentrum 20
57573 Hamm/Sieg

Rudolf Fuchs
Ötzstraße 27
83677 Greilling

L & W
Lenhardt & Wagner
Im Taubenfang 4
64653 Lorsch

MICRON Systems GmbH
Dr. Mack-Straße 96
90707 Fürth

Remus Motorrad-Auspuff-anlagen GmbH
Roman Fenners
Neuenhofstraße 160
52078 Aachen

RMS Big Run
Christian Skorianz
Hofmühlgasse 21, Top 19
A-1060 Wien

Sebring Auspuffanlagen GmbH
Postfach 5150 M
78430 Konstanz

Bimota-Spezial-motorräder

bimota Kraft
Kemptener Straße 54
79700 Leutkirch

Zweirad Technik
Dieter Könemann
29640 Schneverdingen/
Lünzen

Bremsanlagen

Brune Spezialmotorräder
Brembo
Manfred Brune
Wöste 6
48291 Telgte

LSL-Motorradtechnik GmbH
Hauptstraße 406
47809 Krefeld

Phoenix Motorrad-Tuning
Kohl Automobile GmbH
Neuenhofstraße 160
52078 Aachen

PVM Leichtmetallräder - Bremsanlagen
Mundenheimerstraße 39
68199 Mannheim

Team Métisse
Billet-Bremsen
Horst Edler
Hauptstraße 1
49163 Hunteburg

Spiegler Bremstechnik GmbH
Kunzenweg 16
79117 Freiburg

Carbon-Technik

CFP Driesch GmbH
Clemens Driesch
Oswald-Wiersich-Straße 16
67433 Neustadt/Weinstraße

Edelstahlschrauben

Uwe Gräber
Postfach 1647
24906 Flensburg

R. Wegertseder
Postfach 1038
94079 Fürstenzell

Egli-Spezialfahr-werke

Egli-Motorradtechnik AG
Fritz W. Egli
CH-5618 Bettwil

Egli-Import Deutschland
Motorradtechnik und Maschinenbau
Michael Niemann
Obere Mühle 28
58644 Iserlohn

Federelemente

Wilbers Products
Benny Wilbers
Alfred-Mozer-Straße 84
48527 Nordhorn

Flammspritzen

Werner Kriechel
Ursulastraße 92-94
50354 Hürth

Fräs- und Drehteile

RRT-RaiRoTec GmbH & Co.KG
Am Verschubbahnhof 61
47809 Krefeld

Harris-Spezialfahrwerke

Team Métisse
Horst Edler
Bohmter Straße 8a
49179 Ostercappeln-Schwagstorf

Honda-Tuning

Eckert Motorradtechnik
Roland Eckert
Hauptstraße 54
74635 Kupferzell-Belzhag

Gaidosch
Motorräder – Zubehör
Bernhard Gaidosch
Walbergraben 22
35614 Aßlar

Kunststoffbeschichten

Johannes Salch
97762 Hammelburg-Westheim

Kunstharze und -fasern

Lange & Ritter
70839 Gerlingen

Kurbelwellen

Josef Bauer
84577 Tüßling

Kexel-Präzision
Flughafenstraße 10
56459 Ailertchen

Lackierung

Peter Stücker Design
Schloßstraße 1
48336 Sassenberg

Karosserie- und Lackierzentrum GmbH
Robert Bosch Straße 16
73550 Waldstetten

Leistungsprüfstände

p4
A. Amerschläger
63150 Heusenstamm

Martin-Spezialfahrwerke

Brune Spezialmotorräder
Manfred Brune
Wöste 6
48291 Telgte

Moko-Spezialfahrwerke

GSG Motorradtechnik
Gerhard Schweppe
Rickstraße 5
32699 Extertal

Montageständer

Kern-Stabi
Kittelgasse 24-26
79364 Malterdingen

mobil-tech
Hauptstraße 22
78549 Spaichingen

Moto Guzzi-Tuning

MAX
Villingerstraße 7b
75179 Pforzheim

Moto Spezial
72532 Gomadingen

Motoren-Lack

Luko-Color
Postfach 100602
72306 Balingen

Wagner Kunststofftechnik
Hüthumer Straße 234
46446 Emmerich

Motoren-Tuning

BBM Power
Jürgen Besenbeck
Geigersbühlweg 19
72663 Großbettlingen

Otto Geppert
Motorentechnik
Almenstraße 3
77966 Kappel

LKM
Annaberger Straße 276
53175 Bonn

Polieren

F. Scholz Metallschleiferei GmbH
Katzenberg 1
73433 Aalen

Team Métisse
Horst Edler
Hauptstraße 1
49163 Hunteburg

Rahmen-Vermessung

Köster GmbH
Nordweg 8
87764 Legau

Roadrunner GmbH
Johannes-Kepler-Straße 1
55129 Mainz-Hechtsheim

Räder

Krüger & Junginger GmbH
PVM-Räder
Akront-Räder
Mühlstraße 12
73252 Lenningen

Georg Deget
Umgebaute Serienräder
Otto-Hahn-Straße 1
50300 Hürth-Efferen

Phoenix Motorrad-Tuning
Kohl Automobile GmbH
Neuenhofstr. 160
52078 Aachen

PVM Leichtmetallräder - Bremsanlagen
Mundenheimerstraße 39
68199 Mannheim

Räder richten

Heinemann GmbH
47647 Kerken

Sandstrahlen

Werner Kriechel
Ursulastraße 92-94
50354 Hürth

Schwingen- und Fahrwerksbau

Krüger & Junginger GmbH
Mühlstraße 12
73252 Lenningen

Streetfighter

Big-Bike Exclusivumbauten
Baudweg 6
74923 Hüffenhardt

Suzuki-Tuning

SGS Superbike
Frank Sulz
Weberstraße 23
72141 Walddorfhäslach

TTO
Techno Tuning Oberhausen
Im Lipperfeld 3
42000 Oberhausen

Synchrontester

Boehm Computer
Peter-Kreuder-Straße 21
81202 München

Memo GmbH
Postfach 600244
81202 München

Tachometer

Brunn Fahrzeugtechnik
Waldstraße 46-48
73734 Esslingen

Helmut Städele
Gartenstraße 11
78549 Spaichingen

z-tacho
Blumenstraße 1
84533 Stammham

Triumph-Tuning

Magnum Motors
Manuel und Stefan Wahl
Daimlerstraße 1
73117 Wangen

Verchromen

H. Brack Metallveredelung GmbH
Richthofenstraße 14
73054 Eislingen/Fils

HBF
Emil-Adolff-Straße 19
72760 Reutlingen

Wagener & Wessolek, Galvanik
Wembkenstraße 4
45884 Gelsenkirchen

Vergaseranlagen

Brune Spezialmotorräder
Mikuni
Manfred Brune
Wöste 6
48291 Telgte

Mikuni-Vergaser Europe GmbH
Eilenstraße 19
61118 Bad Vilbel

Verkleidungen und Nachbauten

dimo Kunststofftechnik
Franz-Wenzel-Straße 3
53474 Ahrweiler

hs1 Motorradzubehör
Harald Haungs
Raiffeisenstraße 8 und 25
74906 Bad Rappenau

MZB Kunststofftechnik
Hoffmann-von-Fallersleben-Straße 3
34117 Kassel

MPR
In der Ex 7
53518 Adenau

Wagner Kunststofftechnik
Hüthumer Straße 234
46446 Emmerich

Literatur

Chemie

Schröter, Lautenschläger, Bibrack;
Taschenbuch der Chemie;
Verlag Harri Deutsch

Elektrik

Hüppen;
Motorrad-Elektrik;
Motorbuch-Verlag

Fahrwerkstechnik

Foale / Willoughby;
Motorradfahrwerk heute;
Motorbuch-Verlag

White Power Deutschland (Hrsg.);
Fahrwerkstechnik im Detail;
Wilbers Products Nordhorn

Gleitlagerungen

Kaco;
Axia-Gleitdichtringe;
Kaco-Dichtringwerke Heilbronn

Kunststoff-Verarbeitung

Uffhausen;
Die Verarbeitung von Polyester- und Epoxydharz;
Schondorf

Motorentechnik

Bönsch;
Einführung in die Motorradtechnik;
Motorbuch-Verlag

Hütten;
Schnelle Motoren seziert und frisiert;
Motorbuch-Verlag

Stulle;
Vierventilmotoren - Motoren der Zukunft;
Universität Stuttgart

Motorrad-Umbauten

Bittner;
Motorräder selbst verschönern und verbessern;
Motorbuch-Verlag

Gassebner;
EDEL-BIKES selbstgebaut;
Motorbuch-Verlag

Gassebner/Pfeiffer;
EDEL-BIKES II;
Motorbuch-Verlag

Koerdt (Hrsg.);
EDEL-BIKES;
Motorbuch-Verlag

Simsa (Hrsg.);
Ich baue mein Motorrad um;
Motorbuch-Verlag

Physik

Kuchling;
Taschenbuch der Physik;
Verlag Harri Deutsch

Reparaturen

Reparaturanleitung
(Typ-spezifisch);
Verlag Bucheli

Wälzlagerungen

FAG;
Die Gestaltung von Wälzlagerungen;
FAG Kugelfischer Georg Schäfer & Co, Schweinfurt

Wellendichtringe

Kaco;
Radia-Wellendichtringe;
Kaco-Dichtringwerke Heilbronn